KB270881

# 디지털 게임, 상상력의 새로운 영토

# 차례
Contents

# 컴퓨터 게임의 재현에 있어서 시점의 문제

## 컴퓨터 게임과 문학 이론

　컴퓨터 게임이 단순한 오락물일 뿐이라고 생각하는 사람은 이제는 없을 것이다. 연세가 지긋하신 분들은 게임이 동네 오락실에서 100원짜리 동전 하나를 집어넣고 할 일 없는 백수들이나 즐기는 심심풀이 정도라고 생각할지 모르겠지만, 이제 게임은 우리의 일상생활에서 빼놓을 수 없는 존재가 되어버렸다. 아이들을 학교에 보낸 뒤 인터넷에 접속해 고스톱을 즐기는 아줌마들, 사무실에 앉아 업무를 보는 척하면서 인터넷상의 미지의 상대와 바둑 삼매경에 빠진 사장님들, 핸드폰 안에는 언제나 모바일 게임을 가득 채우고 다니면서 지하철 등곳

길의 무료한 시간을 때우는 중고생들……. 이들의 일상에서 게임이 차지하는 비중은 이제 무시하지 못할 수준에 이르렀다.

게임 개발을 하나의 기술 따위로 치부하던 학계에서도 게임을 예술의 한 장르로 인정하면서 서서히 그 연구를 진행해 나갈 정도로 게임의 위상은 커졌다고 할 수 있다. 물론 이러한 위상의 전환 뒤에는 게임 산업의 양적 팽창에 따른 상업적인 고려가 숨어있다고 할 수 있을 것이다. 「리니지2」 같은 MMORPG(Massively Multiplay Online Roleplaying Game) 게임이 1년에 천억 원 이상의 수익을 올리고, 중국, 일본, 대만, 미국, 유럽 등지에서 서비스되는 것을 보면 그 시장 규모에 대해 어림짐작하기가 어려울 정도다. 어쨌든 문학 이론을 연구하는 학계에서도 게임 스토리텔링(Game Storytelling)에 관심을 가져, 게임은 이제 완전한 학문 분야로 인정받고 있는 실정이다.

그러나 게임을 문학 이론의 관점에서 설명하려는 시도는 예전부터 있어왔던 것에 반해 그 성과는 그리 만족할 만한 것이 아니다. 여기에는 몇 가지 이유가 있겠지만, 우선 게임을 분석하려고 했던 일군의 학자들이 대체로 문학 연구자들이었기 때문에 그들의 기반인 서사 문학의 관점에서밖에 그 시사점을 얻어내지 못한 것이 문제로 지적될 수 있다. 물론 상호작용적 서사로서 하이퍼텍스트의 기능을 밝힌 자넷 머레이(Janet Murray)의 연구[1]라든지, 게임에 있어서 서사와 시뮬레이션의 충돌이라는 문제를 본격적으로 제기했던 에스펜 아세스(Espen Aarseth)의 선행 연구[2]가 존재하기는 한다. 그러나 이들 연구에 제시된 대부분의 예시들은 실험적인 가능성에 초점을 맞춤으로써 현재 창작되고 있는 게임에 대한 설명이 부족한 면이 있다.

또한 게임에 대한 이중적인 시선은 게임을 완전한 하나의 예술로 인정하기 싫어하는 기존 학계의 문자 중심주의적 태도에서도 잘 드러난다. 게임의 산업적인 가능성은 인정하지만, 예술로서는 결격이라고 생각하고 싶은 그들의 발상 때문에 게임은 오락과 예술 사이의 아슬아슬한 경계선에 위치해 있는 것이다. 따라서 게임의 성격을 규명하기 위해서는 다른 이야기 예술과의 차이점과 게임이 가진 고유한 성격을 분석하여 이를 해명하는 작업이 필요하다고 할 수 있다.

서사 문학의 대표적인 장르인 소설의 경우 독자가 스토리의 흐름이나 인물의 운명에 개입할 수 있는 여지가 없는 완결된 닫힌 작품이기 때문에, 고정된 텍스트로 불린다. 이에 비해 게임의 경우 사용자가 스토리의 흐름이나 결말을 바꿀 수 있기 때문에, 하이퍼텍스트(hypertext)의 일종으로 불렸고 이러한 사용자의 개입을 상호작용성(interactivity)이라는 용어로 설명해왔다.

그러나 게임을 하나의 텍스트(text)로 간주할 수 있는가 하는 문제는 여전히 논란의 대상이 되고 있다. 게임 역시 컴퓨터의 언어로 구성된 텍스트로 이루어져 있기는 하지만, 그것이 재현되는 형태는 텍스트가 아니다. 오히려 게임은 구조화된 시뮬레이션(organized simulation)으로 그 내부 세계에 서사적인 흐름을 추가할 수 있는 장르라고 보는 것이 옳을 것이다.「테트리스 *Tetris*」나「팩맨 *Pacman*」같은 퍼즐 형태의 게임의 내부에는 스토리가 존재하지 않거나, 존재하더라도 아주 미미한 수준에 머무는 경우가 많다.

특히 스토리라 부를 수 있는 선형적인 서사는 몇몇의 롤플레잉 게임이나 어드벤처 게임에서만 차용되고 있을 뿐이다. 따라서 게임의 스토리텔링에 대해서 논할 때, 논의의 층위는 대체로 게임 전체를 감싸고 있는 배경 스토리(back story)의 범위를 넘지 못하는 경우가 많다. 플레이어가 창조해 나가면서 바뀌는 상호작용적인 서사(interactive narrative)를 인정한다 하더라도, 이는 우발적인 스토리에 그치거나 개발자가 만들어 놓은 고정된 틀 안의 스토리를 조합, 변형하는 수준에서 그치는 경우가 대부분이다. 실제로 플레이어들이 게임에 몰입하는 이유는 잘 짜인 스토리를 소비하기 위해서가 아니다. 플레이어는 게임이 재현(representation)하는 스토리의 외적인 요소들― 그래픽, 인터페이스, 사운드, 시스템 ― 등에 몰입하게 되는 것이다.

따라서 게임학자(ludologist)들이 주장한 바대로 플레이어들이 게임에 몰입하는 심층적인 이유나 스토리텔링의 가능성을 논하는 문제는 서사와 놀이의 불균형한 대립을 인정하는 차원에서 이루어져야 한다.3) 이를 위해서는 게임의 진행에 서사가 어떠한 형태로 플레이어의 몰입에 영향을 주는지에 대한 심리적인 분석이 요구된다. 그러나 아직 게임을 학문으로 정립할 만한 결정적인 게임 이론(game theory)이 정립되지 못한 실정이므로 게임과 여타 장르와의 차이점을 구별해 내는 차원에서 그 도입적인 분석이 필요하다.

우선 여기에서는 서사론(narratology)을 바탕으로 게임의 시점을 여타의 이야기 예술 장르와 비교·분석하고자 한다. 그 과정 속에서 게임의 혁명적 시점을 분석한 뒤, 이러한 혁명적인 시점의 전환이 가져올 이야기 예술의 변화에 대해 논하고자 한다. 현재까지 명멸을 거듭한 여러 이야기 예술 장르 중에서 가장 대중적이면서도, 가장 분석의 혜택을 받지 못한 게임의 장르적 위상을 다시 검토하고자 하는 것이 이 글의 목표이다.

# 이야기 예술의 시점과 장르별 차이점

서사 문학이 시작된 이래로 대부분의 이야기 예술은 1인칭과 3인칭이라는 틀을 넘지 못했다. 소설이나 영화를 통해서 반복되는 진술은 언제나 '나(I)' 같은 1인칭의 시점이나 '그(he)' 혹은 '그녀(She)'와 같은 3인칭의 시점에서만 이루어졌다. 그것은 어떻게 보면 소설이 내포하고 있는 시점의 한계라고 말할 수 있다. 물론 실험적인 2인칭 소설이 등장한 적이 있지만, 그것은 단지 실험에 그쳤을 뿐 일반적으로 수용되지는 못했다. 2인칭 소설은 '당신은 ~할 것이다'와 같은 종류의 문장으로 이루어져 있어서, 독자의 입장에서는 이러한 진술을 신뢰하기가 쉽지 않기 때문이다.[4]

그러나 이야기 예술의 장르가 근대에 들어오면서 다양한

형태로 확장되면서, 문자로만 이루어지는 서술(description)의 진술 형태에서 이미지, 영상, 음악, 상호작용성 등의 여러 장치를 통해 재현(representation)의 형태로 바뀌게 되었다. 서술의 형태에서는 시각적으로 충분히 재현되지 않던 꿈이나 환상의 이미지들이 직접적인 형태로 구현되면서 새로운 시점 조작의 가능성을 서사물에 부여할 수 있게 된 것이다. 그리고 그러한 조작의 가능성은 영화에서 컴퓨터 게임을 거쳐 가면서 확장되고 있다.

미국의 서사학자 채트먼은 이야기 예술의 스토리와 담화(discourse)를 분석하면서 장르적 전환이 가져오는 시점5)의 전환에 대해 언급하고 있다. 여기서 그가 말하는 담화란 작품의 이야기의 외부에 존재하는 형식적인 차원의 것, 즉 표현을 뜻한다. 담화(표현)의 방식이 전환될 때 작가는 소재를 표현할 새로운 시점을 찾게 되는 것이다. 여기에서 중요해지는 것이 표현의 방식을 진술해주는 주체인 서술자(narrator)의 존재이다.

서술자라는 용어를 썼지만, 이러한 서술의 시점은 영화나 게임에서는 카메라가 바라보는 시선과 동일하다고 할 수 있다. 따라서 새로운 이야기 예술 장르에 대한 시점 이론을 해명하기 위해서는 서술자와 인물(혹은 캐릭터)의 관계에 대해 언급해야 한다. 이는 채트먼이 밝힌 소설의 서사적 의사소통상황의 구조도를 통해 보다 명확히 드러난다. 그에 따르면 소설의 서사적 의사소통상황은 다음과 같이 전개된다.

> **서사적 텍스트**
>
> 작가 → [(내포작가) → 서술자 → 인물 → (내포독자)] → 독자

서사적 텍스트의 의사소통상황.

이는 '실제의 텍스트가 어떠한 경로를 통해 실제작가가 서술한 텍스트가 실제독자에게로 인식되는가?'에 관한 구조도를 그린 것이다. 채트먼은 "실제작가와 실제독자는 궁극적으로는 실제적인 의미에서 서사적 교호작용에 불가결하기는 하지만, 서사적 교호작용의 외부에 위치한다."고 말한다.[6] 다시 말해 이야기의 내부에 어떠한 영향도 미치지 못한다는 말이다. 또한 시점 구분에 있어서 내포작가와 내포독자는 개념적으로만 존재하지 이야기의 표면에 형상화되어 나타나지 못하므로 시점의 문제에 있어서 중요한 역할을 하는 것은 아니다. 서사적 텍스트 내부에서는 오직 서술자가 인물을 서술하는 일련의 과정만이 남게 되는 셈이다. 따라서 이러한 과정을 요약해서 보여주면 다음과 같은 기본적인 서사적 텍스트의 의사소통상황을 그려낼 수 있다.

> **서사적 텍스트**
>
> 작가 → [서술자 → 인물] → 독자

서사적 텍스트의 의사소통상황의 기본형.

여기에서 보듯이 서사적 텍스트의 내부에서 인물이 주된 탐구의 대상이 되며, 시점은 바로 인물을 바라보는 서술자의 시선에 따라 정해진다. 다시 말해 서술자의 시선이 인물의 내부 혹은 외부 어느 쪽에 위치하는가의 여부에 따라 시점의 인칭이 결정되는 것이다. 다만 주의해야 하는 것은 서사적 텍스트의 의사소통상황은 예술의 장르에 따라 다양한 형태로 변형될 수 있다는 것이다.

소설의 의사소통상황과 시점

소설에서 시점의 구분은 상당히 명확하게 나타나는데, 이는 소설이 문자라는 단일한 도구로만 이루어지기 때문이다. 복합적인 방식으로 매체의 서술이 이루어지는 영화나 게임의 경우 시점의 문제가 복잡해지는 것은 바로 이 때문이다. 소설의 시점은 서술자가 인물을 바라보는 방식에 따라 1인칭 시점과 3인칭 시점으로 나눌 수 있다. 또 이 각각은 1인칭 주인공 시점과 1인칭 관찰자 시점, 작가 관찰자 시점과 전지적 작가 시점으로 나눌 수 있다. 1인칭 시점에서 서술자는 언제나 소설 텍스트 내부에 위치하게 된다. 그는 자기 자신을 서술할 수도 있고, 특정 인물의 관찰자로 등장할 수도 있다.

---

**서사적 텍스트**

작가 → [(서술자=주인공) → 자신] → 독자

---

1인칭 주인공 시점의 의사소통상황.

서사적 텍스트

작가 → [(서술자=관찰자) → 주인공] → 독자

1인칭 관찰자 시점의 의사소통상황.

서사적 텍스트

작가 → 서술자 → [인물] → 독자

3인칭 시점의 의사소통상황.

이러한 시점 구분은 서술의 한계선을 그어주는 역할을 함과 동시에 독자로 하여금 서술자에 대한 신뢰의 여부를 결정하는 중요한 기능을 담당하게 된다. 3인칭 시점의 경우 서술자는 서사적 텍스트의 외부에 위치하면서 인물을 바라보게 된다. 여기에서 서술자가 인물 주변의 상황만을 제한적으로 묘사할 경우를 작가 관찰자 시점이라 부르며, 인물의 내밀한 심리뿐만 아니라 주변 상황에 대한 논평 등을 서슴지 않고 하게 될 경우를 전지적 작가 시점이라 부른다.

### 영화의 의사소통상황과 다중 시점

영화에서 소설의 서술자와 같은 역할을 하는 존재를 명확하게 구분해내기는 어렵다. 소설의 경우에는 정보의 전달 방법이 문자 하나로만 한정되기 때문에 단일한 서술자를 구분해

내는 것이 그리 어려운 일은 아니다. 그러나 영화의 경우는 작품 내부의 내레이션(narration)과 카메라가 보여주는 영상, 배경음악 등 여러 경로를 통해 다양한 감각적 정보가 들어오는데, 이를 모두 단일한 서술자가 처리한 것으로 보기는 어려운 측면이 있다.

일례로 왕가위 감독의 「화양연화」의 한 장면을 떠올리면 이해가 쉬울 것이다. 차우(양조위 분)와 리춘(장만옥 분)이 집 근처의 계단에서 마주치는 장면에서 카메라는 두 인물이 서로 마주치는 순간을 찍을 때에는 제3자의 눈으로 두 인물을 응시한다. 그러나 리춘이 국수를 사는 모습을 지켜볼 때에 카메라는 차우의 시선과 동일한 위치에 놓이게 된다. 또 둘이 마주치는 순간에 들려오는 배경음악은 영화 내부의 두 사람이 실질적으로 듣지 못한다. 이러한 배경 음악은 영화 외부에 존재하는 서술자가 관객을 위해 삽입한 또 하나의 정보인 것이다.

이처럼 영화는 다양한 경로를 통해 주어지는 정보를 가공하면서 시점을 조작할 수 있는 가능성이 큰 장르라고 할 수 있다. 물론 외부에서 이 모든 정보들을 조직, 통합하는 존재는 감독(Director)이라고 말할 수 있겠지만, 그는 어디까지나 작품 외부에서 모든 것을 조절하는 존재일 뿐이다. 그러므로 영화의 내부에서 관객에게 정보를 전달하는 서술자적 입장을 가진 주체는 시점에 따라 가변적인 것으로 간주해야 한다.

가장 보편적인 카메라의 시점은 카메라가 외부에서 인물들을 비추며, 인물 자신의 시점으로 변환되지 않는 경우에 해당

된다. 어떠한 상황을 말로 설명하는 영화 내부의 서술자(혹은 인물)가 극화되어 나타나지 않는 경우, 그리고 영화 내부에서 실질적으로 들려오는 대화와 소리만 존재할 뿐 영화 세계 외적인 어떠한 배경 음악도 존재하지 않는다고 가정할 경우에는 카메라만을 서술자의 위치로 놓을 수 있을 것이다.

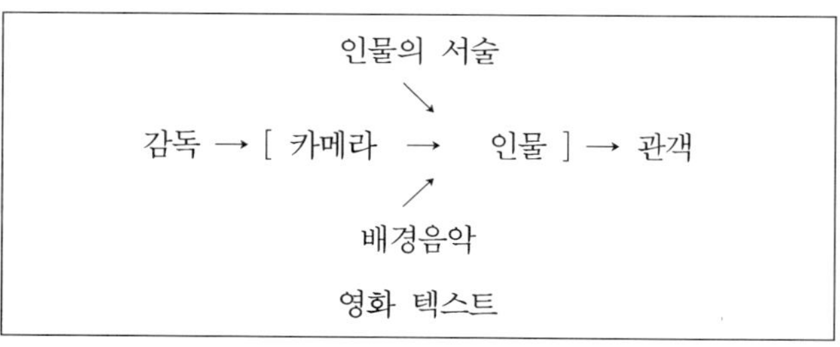


영화의 의사소통상황과 다중 시점.

영화에서도 소설과 마찬가지로 특정한 인물의 시선을 그대로 여과 없이 보여주는 1인칭 시점을 사용할 때가 있다. 그러나 작품 전체를 1인칭 시점으로 일관하는 경우는 굉장히 드물며, 부분적으로 사용되는 경우가 많다. 더욱이 어떤 인물의 시선대로 카메라가 촬영한다고 하더라도 그것을 그 인물의 시점에서 본 것이라고 확인하기에는 많은 시간이 걸린다. 보편적인 영화의 촬영 방식을 고려할 때, 영화의 시점은 카메라의 시선에 의해 결정된다고 할 수 있다. 영화에서 관객이 가장 압도되는 것 역시 시각적인 감각을 통해서고, 시각적 정보를 중개해서 보여주는 존재는 바로 스크린이다. 대부분의 관객들은 다중적인 경로를 통해 들어오는 공감각적인 정보들이 서로 상충되는 것이라 생각하지 않고, 이 모든 정보를 종합해 영화의 분위기를 통합적으로 파악한다. 따라서 영화의 시점은 다중적으로 분할되기는 하지만, 관객에게 인식되는 차원에서는 통합된 시점을 제공한다고 할 수 있다.

컴퓨터 게임의 의사소통상황과 시점의 갈등 관계

컴퓨터 게임의 시점 문제에 있어서 여타 장르와 가장 구분되는 점은 사용자가 사건의 진행에 개입한다는 사실이다. 흔히 상호작용성 혹은 인터랙션으로 불리는 사용자의 개입 때문에 컴퓨터 게임의 시점 문제는 좀 더 자세한 분석을 요구한다. 지금까지 살펴본 바와 같이 이야기 예술의 시점을 결정하는 존재는 텍스트 내부의 시선을 관장하는 서술자(혹은 카메라)임을 알 수 있다.

영화의 경우 이 문제가 조금 복잡해졌지만, 이는 감각적으로 받아들이는 정보가 다양한 채널을 통해 서술된다는 점 때문에 발생한다. 다시 말해 정보를 제공하는 주체들이 갈등관계에 있거나 대립항을 이루어서 그 정보들이 분산되어 관객에게 들어가는 경우는 드물다는 것이다. 물론 홍상수 감독의 「오!수정」과 같은 영화에서처럼 남자의 기억과 여자의 기억이 다름을 병치시켜 보여주면서 똑같은 현실에 대해 두 명의 인물이 얼마나 다른 기억을 가지고 있는가를 보여주는 작품도 있을 수 있다. 그렇다고 하더라도 이 영화가 마치 남자의 시점 그 자체, 혹은 여자의 그것을 보여주는 것은 아니다. 외부에 위치한 카메라의 눈을 통해 두 명의 상이한 기억을 관찰, 묘사하고 있기 때문이다. 이 경우 시점은 둘로 분할되는 것이 아니라 카메라이자 서술자인 존재가 두 명의 인물을 각각 관찰하고 있는 것으로 봐야 하는 것이다.

그러나 게임의 경우 사용자는 화면에 표시되는 상황에 얼마든지 개입할 수 있다.「슈퍼마리오 *Super Mario*」처럼 횡적의 단순한 형태로 스크롤되는 게임이라고 하더라도 사용자의 입력에 따라 화면에 표시되는 상황이 바뀌게 된다. 그러나 게임 도중 일어나는 사건의 변화는 프로그램에 의해 중개된다. 스크린은 프로그램이 계산하여 보내주는 정보를 표현하여 사용자의 반응을 이끌어낸다. 게임의 내부에서 일어나는 사건을 중개해서 보여주는 역할은 프로그램과 스크린, 사운드가 담당하게 되지만, 사건의 방향을 결정하는 것은 사용자다.

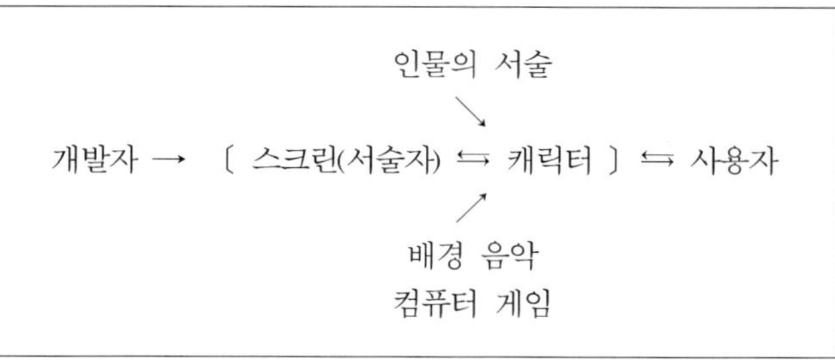


컴퓨터 게임의 의사소통상황과 시점.

그렇다면 게임에 있어서 그 시점을 결정하는 것은 사건을 중개하는 서술자인가 아니면 그 사건의 방향을 바꾸는 사용자인가? 사건의 서술은 스크린을 통해 이루어지지만, 그 시점은 사용자의 조작에 의해 바뀌기 때문에 게임의 시점은 서술자 중심이 아닌 사용자 중심으로 보는 것이 옳을 것이다.

## FPS와 시점의 혁명성

스티븐 스필버그(Steven Spielberg) 감독의 「라이언 일병 구하기 *Saving Private Ryan*」(1998)는 1944년 6월 6일에 있었던 노르망디 상륙작전을 소재로 한 작품이다. 이 영화는 무엇보다 전쟁 상황에 대한 탁월한 묘사와 재현으로 사람들의 기억 속에 남아있다. 핸드 헬드 카메라(hand-held camera)가 쉴 새 없이 뛰어다니며 잡아내는 전투 장면은 관객에게 소대원의 한 사람이 된 것 같은 착각을 안겨주기도 한다. 여기에서 카메라는 관객의 시선을 대체하며, 스크린 밖의 모든 것들을 당분간 실재하지 않는 외화된 현실로 만드는 역할을 한다. 다시 말해 카메라는 관객이 작품 속에 몰입할 수 있는 현실과의 통로가 되는 셈이다.

「라이언 일병 구하기」의 이러한 치열한 묘사가 제2차세계대전의 재현에 중점을 둔다면, 이 영화를 바탕으로 만든 Electronic Arts사의 「메달 오브 아너 *Medal of Honor*」(2001)의 경우 이러한 재현을 체험(experience)할 수 있는 환경을 제공하

고 있다. 이 게임은 제2차세계대전의 여러 유명한 전장들(북아
프리카 전선, 서부전선의 노르망디와 커랭탕, 태평양 전쟁)에서
직접 전투에 임하는 것 같은 느낌을 안겨준다. 대부분의 게임
의 경우 플레이어를 상징하는 캐릭터를 등장시켜 게임을 진행
하지만 「메달 오브 아너」에서는 총을 든 플레이어의 팔만을
볼 수 있을 뿐이다. 눈앞에 펼쳐진 전장은 3D그래픽으로 처리
되어 현실감이 느껴진다.

이처럼 게임 내부의 인터페이스에서 캐릭터를 등장시켜 플
레이하는 것이 아니라 플레이어의 시야를 직접적으로 보여주
는 이러한 게임을 FPS(First Person Shooting)라고 부른다. 처음
으로 이 장르를 개척한 게임은 ID Software에서 개발한 「둠
*Doom*」(1993)이었다. 당시 누구도 생각지 못했던 1인칭의 시점
과 현란한 액션은 당시 모든 게이머를 둠의 세계로 끌어들였
으며 FPS라는 새로운 장르를 열었다. 이후 1994년 「둠2」를

사용자의 시선에서 게임이 진행되는 「둠3 *Doom3*」의 한 장면.

내놓음으로써 ID Software와 존 카멕(John Carmack)은 FPS의 대부로 우뚝 섰으며 「둠」은 1인칭 액션게임의 대표이자 교과서가 되었다. 물론 이후 「둠」을 응용한 수많은 게임이 나온 것은 두말할 필요가 없다.

FPS의 가장 큰 특징은 다른 게임들처럼 캐릭터를 보여주면서 그 캐릭터를 조작하는 것이 아니라, 마치 자신이 게임 속에 들어온 것처럼 자신의 시야만을 보여준다는 것이다. 내가 움직이는 방향에 따라 펼쳐지는 풍경 또한 바뀌고, 마우스를 움직여 고개를 돌릴 때마다 사물을 바라보는 각도 또한 달라진다. FPS가 등장하기 전까지 모든 게임은 캐릭터를 통해 움직임이 이루어졌기 때문에, 사용자의 입장에서도 비교적 객관적인 입장에서 게임을 즐길 수 있었다. 아무리 게임에 몰입한다고 하더라도 화면에 표시되는 캐릭터와 자신을 동일시하지는 않는다. 캐릭터의 가시성(可視性)이 무의식중에 자신과 캐릭터 사이의 단절을 인식시키기 때문이다. 그러나 FPS에는 사용자 자신과 플레이어 사이의 심리적 분할을 인식시켜줄 그 어떤 장치도 없다. 말 그대로 가상현실(Virtual Reality)과 같은 공간이 펼쳐지게 되는 것이다.

그렇다면 게임의 시점을 결정짓는 요소가 사건의 흐름을 중개하는 프로그램과 사건을 표시·재현하는 스크린이라면 FPS의 시점은 어떻게 결정되는 것일까? 위의 방식을 따르면 FPS의 의사소통상황과 시점은 다음과 같이 구조화될 수 있다.

개발자 → [ 스크린(서술자) ↩ (캐릭터=사용자) ] ↩ 사용자
컴퓨터 게임

FPS의 의사소통상황과 시점.

사건을 서술하는 입장인 스크린의 시점에서 바라본다면 그가 서술하고자 하는 객체는 자신(1인칭)도 아니고 3인칭의 어떤 캐릭터도 아니다. 그가 서술하고자 하는 대상은 바로 사용자인 당신(2인칭)이다. 다시 말해 서사론에 따르면 FPS의 시점은 2인칭 소설에 가깝다는 결론이 나오게 되는 것이다. 여기에서 우리는 지금까지 그 어떤 예술 장르도 성공하지 못했던 2인칭 소설이 게임에 이르러 재현되는 광경을 목격하고 있는 것이다. 본래 2인칭 소설은 문자로만 서술해야 하는 한계 때문에, 시각적인 신뢰성을 주지 못해 실험에만 그쳤다. 영화에서도 간혹 인물을 비추지 않고 어떤 특정 인물의 시선을 그대로 차용하는 경우가 있지만, 그렇다 하더라도 그 인물의 시선을 관객 마음대로 바꿀 수는 없다. 그러나 FPS의 서술자는 내가 움직이는 대로 내 주변 환경의 변화를 서술해준다. 보는 그대로를 믿을 수 있는 최초의 2인칭 예술이 탄생한 것이다.

실제로 FPS를 즐기는 유저들 중 상당수는 게임을 즐긴 후 두통과 멀미 증세를 보인다고 한다. 게임 속에서 우리가 이동할 때 뇌는 우리가 이동하고 있다는 상황을 인식한다. 그러나 귀 속에 있는 평형 기관의 경우 현실에서는 우리가 이동하고

있지 않다는 것을 느끼게 된다. 뇌가 인지하고 있는 정보와 평형 기관을 통해 전해지는 정보가 일치하지 않으면서 몸은 혼란을 일으키게 되는 것이다. 지금까지 FPS를 제외한 어떤 게임도 이처럼 가상현실에 가깝게 사건을 재현한 장르는 없었다. 그러나 FPS에 이르러 게임은 우리의 뇌와 평형 기관을 속이는 수준에까지 이른 것이다.

물론 2인칭 이야기 예술에 가까운 FPS를 1인칭 슈팅 게임이라 부르는 것이 논리에 어긋나는 일이라 생각할 수도 있다. 그러나 컴퓨터 게임에 이르러 시점은 작가의 분신인 서술자에게서 사용자 중심으로 그 무게추가 옮겨졌다. 따라서 FPS에서는 그 스토리텔링 방식까지 2인칭 소설의 시점을 닮아가고 있다.

지금까지 개발된 가장 훌륭한 게임이라는 평가[7]를 받고 있는 「하프라이프2 *Half Life2*」(Valve, 2004)는 FPS 분야에서 가장 진보된 기술로 독보적인 위치를 차지하고 있다. 이 게임은

실사와 게임이 혼동될 정도로 자연스러운 그래픽의「하프라이프2」.

2004년 발매돼 전 세계의 게임시장을 발칵 뒤집은 화제작이다. 「하프라이프2」는 2003년 E3(Electronic Entertainment Expo)에서도 최고의 게임으로 선정된 것을 시작으로 여러 게임 시상식에서 30여 차례나 '2004 최고의 게임'으로 평가받았다. 최첨단 3차원 그래픽 엔진인 '소스'로 표현된 유럽 지역과 실제 인간을 방불케 하는 캐릭터들의 내외적 연기가 이 게임의 최대 특징이다. 특히 「토이 스토리 *Toy Story*」와 「몬스터 주식회사 *Monster's Inc.*」의 제작을 담당했던 Pixar사에서 3D그래픽을 맡은 덕분에 실사와 거의 흡사한 그래픽을 보여주고 있다.

뿐만 아니라 이 게임에서는 NPC(Non Player Character)들이 마치 살아있는 것처럼 움직인다. NPC들에게 말을 걸면 표정을 일그러뜨리거나 입을 씰룩이면서 자신만의 개성적인 대답을 해 보인다. 또한 플레이어를 위해 문을 열어주고 탈주로를 확보해주며, 능동적으로 플레이어를 도와준다. 이 지점에 이르면 '항상 영화에 뒤쳐져 있는 것처럼 보이는 게임이 이 정도까지 발전했구나' 하고 감탄하게 된다. 또한 물체에 충격을 가하면 관성과 반동을 정확하게 계산하여 실제와 똑같은 물리적인 반응이 나오는 등 정교하게 짜여진 Havok엔진과 밸런스가 잘 맞춰진 레벨 디자인은 「하프라이프2」에 최고의 찬사를 보내게 한다.

이 게임에서 가장 주목할 만한 것은 2인칭 소설을 연상시키는 환상문학 같은 스토리텔링이다. 이 게임의 오프닝은 사용자의 분신인 '고든 프리먼(Gordon Freeman)' 박사가 잠에서 깨어나는 순간부터 시작된다. 잠에서 깨어난 그(혹은 사용자)에게 정체불명의 사나이는 "때가 되었습니다. 프리먼 박사님. 잠에서 깨어나십시오. 물론 당신이 남들이 열심히 일할 때 잠만 자고 있던 것은 아닙니다. 당신은 쉴 자격이 있습니다. 당신이 활약할 시간이 왔다고 말해두죠. 영웅이 있어야 할 자리에 없다면 얼마나 불행한 일이겠습니까. 그러니 일어나세요. 이제 새로운 시작이에요."라고 말한다. 이 사내의 어투는 잠시 실험적으로 창작되었던 2인칭 소설의 어법과 상당히 유사함을 발견할 수 있다.

2인칭 소설의 핵심은 말 그대로 환상에 있다. 독자와 동일 인물인 작품 내 캐릭터에게 어떠한 환상이나 최면, 혹은 기억 상실을 걸지 않고서는 스스로와 그 인물을 동일시하기는 어려운 것이다. 「하프라이프2」는 FPS 장르가 가지고 있는 이러한 2인칭 소설의 시점 이론을 간파하고 재빨리 이를 스토리에 포함시키는 놀라운 스토리텔링 능력을 보여주고 있다.

「둠」에서 시작된 FPS 장르는 단순히 사용자의 시점에서 총을 쏘는 게임만이 아니다. 이 장르는 앞으로 컴퓨터 게임이 발전해 나갈 중요한 위치에 서 있기 때문이다. 시점의 변화가 야기했던 멀미 현상이 이제는 가상현실을 넘어 새로운 스토리텔링의 개발에까지 이르고 있는 것이다. 「스페셜포스 *Special Force*」와 같은 온라인 FPS 장르 역시 이러한 스토리텔링 기법을 더욱 보완해야 현재의 인기를 유지할 수 있을 것이다.

FPS의 독자적인 시점은 스트레스 해소를 위해 나의 시선에서 보이는 적들을 총으로 쏘아 죽이는 것을 위해 존재하는 것이 아니다. 인류사에서 지금까지 존재했던 모든 예술은 꿈[夢]을 닮기 위해 노력해왔다. 매일 밤마다 나의 시선을 통해 벌어지는 향연은 예술의 주요한 모방의 대상 중 하나였던 것이다. 문자를 통한 서술도, 타인의 시선을 통한 영상도 꿈에 근접하기는 했지만 인간의 간사하고 날카로운 뇌를 속이지는 못했다. 그러나 이제 게임은 인간의 뇌와 평형 기관을 속일 정도로 정교한 재현을 자랑하게 되었다. 꿈이 우리의 무의식을 대변하듯, 게임은 그러한 무의식을 일상에서 다시 반복한다. 그것은 앞으로의 이야기 예술을 발전시켜나갈 홀로데크(holodeck)의 위치에 선 게임의 위상을 예고하고 있는 것이다.

## 1인칭 시점 게임의 유행과 그 전망

FPS는 '플레이어의 시점에서 게임을 진행하면 어떨까'하는 아주 단순한 발상에서 시작되었다. 그것은 우리가 현실 세계에서 컴퓨터 게임이 아닌 다른 게임을 수행하는 시점과 매우 닮아 있다. 그러나 컴퓨터 게임의 속성상 모든 것을 시뮬레이션으로 처리함에 따라 우리는 모든 상황을 컨트롤해야 되는 게임들을 자연스러운 것이라 생각하게 된 것인지도 모른다.

예를 들어 야구는 9명이 하는 게임이지만, 대부분의 야구 게임들은 자신이 한 팀의 모든 선수들을 컨트롤한다. 이러한 원칙은 「MVP 베이스볼 *MVP Baseball*」, 「하이히트 베이스볼

*High Heat Baseball*」, 「하드볼 *Hardball*」 등 모든 인기 야구 게임에서 공통적으로 지켜졌다. 일본 프로야구를 배경으로 한 「실황! 프로야구」 시리즈의 경우 시뮬레이션에 가깝던 기존의 야구 게임에 대한 발상을 뒤집어 버렸다. 이 게임은 기존 야구 게임과 가까운 방식도 지원하지만, 바로 플레이어 자신이 일본 프로야구선수가 되어 선수로서의 일생을 대리 체험할 수 있는 '마이 라이프(マイーライフー)'라는 시나리오를 지원하고 있다. 플레이어는 신인 선수로 구단에 입단하여 2군을 거쳐 1군에 이르러 올스타에 참가하고 MVP에 오르고 은퇴하기까지 야구선수로서의 역할을 수행하게 된다. 플레이어가 만일 타자라면 어떤 게임에는 주전으로 매 타석에 등장할 수도 있지만, 어떤 게임에서는 후보로 대타 기용만을 기다리며 게임을 지켜볼 수밖에 없는 경우도 발생할 수 있다. 사실 현실에서의 모든 야구 선수들은 이와 같은 상황을 맞이할 것이다. 이렇듯 1인칭이라는 발상은 컴퓨터 게임에서 당연하다고 생각되었던 시뮬레이션적인 특성을 과감히 포기하고, 새로운 방식에서 게임을 바라볼 수 있게 만들어주는 것이다.

이러한 경향은 최근 들어 온라인(Online)의 지원에 힘입어 더욱 확장되고 있는 추세다. 야구 게임과 마찬가지로 농구 게임에서도 하나의 팀을 모두 컨트롤하는 「NBA 2005」 등과 같은 게임이 대세를 장악하고 있었다. 국내의 온라인 게임업체 JC Entertainment가 개발한 캐주얼 농구 게임 「프리스타일 *Freestyle*」의 경우 자신은 한 명의 농구 선수만을 컨트롤할 수

1인칭의 시점에서 야구를 바라보는
새로운 방식을 제시한
「실황! 파워풀 프로야구」.

있다. 다른 선수들은 온라인상의 다른 유저들이 컨트롤하게
된다. 기존 농구 게임에서는 자신이 컨트롤하지 않는 선수들
은 컴퓨터가 자동적으로 컨트롤해서 움직일 수밖에 없었다.
그러나 이 게임에서는 다른 유저들과의 팀워크가 좋지 않으면
경기에서 승리할 수 없다. 마치 현실에서의 농구 게임처럼 자
신의 포지션에 맞는 역할을 수행해야만 하는 것이다.

어떻게 보면 1인칭 시점에서 진행하는 이러한 게임들에서
플레이어의 위치는 다소 축소된 것으로 판단할 수도 있다. 패
키지 게임들에서는 유일한 플레이어인 사용자가 쉽게 영웅의
위치를 차지할 수 있었지만, 온라인 게임이 등장한 이 시점에
서 영웅의 위치란 다른 유저와의 경쟁을 통해서만 달성될 수
있는 것이다.

그러나 1인칭 시점에서 진행하는 게임만큼 강렬한 몰입을
요구하는 게임은 없다. 언제나 '너(you)'의 위치였던 독자의 입
장에서 '나(I)'의 위치로 올라온 사용자는 게임을 통해 자신과

일치되는 경험을 맛보게 되기 때문이다.

문제는 온라인 게임에서는 '나(I)'가 언제나 복수로 존재한다는 점이다. 앞으로의 온라인 게임은 수많은 '나'들에게 어떻게 극적인 경험(dramatic experience)을 골고루 맛보게 해줄 것인가 하는 문제로 고민하게 될 것이다. 어떠한 서사에서도 수많은 영웅이 동시에 등장하지는 않기 때문이다.

# 「길드워 *Guildwar*」를 통해서 본 MMORPG 스토리텔링의 발전 방향

## MMORPG의 난립과 스토리텔링의 문제

지금까지 한국에서는 수많은 MMORPG 게임이 개발되고, 또 수많은 플레이어들이 그 게임을 즐겼다. 「울티마 *Ultima*」, 「던전 앤 드래곤스 *Dungeon & Dragon*」, 「마이트 앤 매직 *Might and Magic*」으로 대표되는 3대 미국식 RPG 게임과「파이널 판타지 *Final Fantasy*」, 「드래곤 퀘스트 *Dragon Quest*」로 대변되는 일본식 RPG 게임이 1990년대 말까지의 RPG 게임 시장을 지배했었다면, 2000년대에 들어와서는 한국식 RPG 게임이 동아시아와 미국, 유럽 등지에서 서비스되기 시작했다. 그리고 그 배경에는 온라인, 즉 인터넷이 존재했다.

기존의 패키지형 RPG 게임이 가지고 있는 선형적이고 제한된 시공간적 제약을 넘어서, 계속되는 업데이트와 확장 및 패치를 통해 여러 사용자들과 동시에 게임을 즐길 수 있다는 것이 바로 온라인 게임, 특히 MMORPG의 장점이었다. 현재 각 회사에서 서비스하고 있는 MMORPG의 동시접속자 수를 합하면 200만에 가까울 정도로 MMORPG 시장은 확대되었다. 「리니지」의 레어(rare) 아이템이 아이템 거래 사이트인 아이템베이에서 몇백만 원에 거래가 되었다는 신문 기사가 보도될 정도로 MMORPG에 몰입하는 플레이어들의 열정은 대단한 것이었다.

한국의 게임 회사들은 2000년 이후 개발하던 모든 패키지 게임을 포기하고 MMORPG 개발에 몰두하게 되었다. 국내에서 콘솔 게임이나 PC 패키지 게임을 위한 투자는 거의 전무했고, 굉장히 기형적이게도 MMORPG에 대한 투자만이 연일 상종가를 쳤던 것이다. 그러나 2003년을 고비로 MMORPG 시장은 공급 포화상태에 이르렀고, MMORPG가 꼭 수익을 올릴 수 있다는 공식은 무너지게 되었다.

실제로 MMORPG는 전체 게임을 통틀어 보았을 때 상당히 하드코어(hardcore)에 가까운 게임이다. 이 게임들은 캐릭터의 성장을 위해 거의 하루 24시간에 가까울 정도로 투자해야 각 서버에서 지존에 오를 수 있을 정도로 엄청난 시간을 요구한다. 또 어느 정도 성장한 이후에는 PvP(Person vs Person)를 통해 상대편 캐릭터를 죽여야 하고, 레어 아이템을 모으기 위해서는 현실에서의 거래도 불사하는 등의 사회적 윤리와도 어긋나는 내용들이 다수 포함되어 있어서 사회적인 문제를 일으킨 경우도 많았다.

이러한 틈을 타 국내 온라인 게임 시장에서는 「카트라이더」, 「메이플스토리」, 「프리스타일」 등으로 대표되는 캐주얼 게임(casual game)이 청소년들과 여성 유저를 중심으로 많은 인기를 모으기 시작하면서 기존의 MMORPG 시장을 잠식해 들어가기 시작했다. 여기에는 하드코어에 가까운 MMORPG의 장르적 특성이 모든 유저들에게 보편적으로 받아들여지기 힘들다는 점이 작용했겠지만, 또한 국내 MMORPG의 대부분이 비슷비슷한 형식과 내용으로 일관했다는 점도 무시할 수 없을 것이다.

RPG는 대체로 어떤 영웅의 일대기를 중심으로 그의 모험을 연대기적으로 따라가면서 모험을 즐기는 것을 소재로 하기 때문에, 계속적인 성장과 극적인 전투 등을 필요로 한다. 패키지형 RPG 게임의 경우에는 유저가 플레이하고 싶을 때에만 게임에 들어가도 별 무리 없이 게임을 진행할 수 있다. 그러나 MMORPG의 경우 상대적인 레벨 적용 시스템 때문에 많은 시간을 투자하지 않으면 게임을 진행하기 힘든 경우가 많다. 성장 일변도의 스토리텔링 때문에 시간만 많이 투자하면 높은 레벨을 얻는 경우가 많아져서 전체적으로 공정한 게임을 진행하기 힘들어진 것이다.

이 때문에 MMORPG의 스토리텔링에 대한 여러 가지 문제 제기가 많아졌으며 국내 내부적으로도 MMORPG의 형식에 문제가 있다는 지적이 여러 개발자 모임 사이트를 통해 흘러나왔고, 그와 더불어 앞으로 계속될 온라인 게임의 형식과 장르가 어떠한 형태로 발전해야 되는지에 대한 논의가 필요해졌다. 여기에서는 우선 그 시론 격으로 MMORPG의 외피를 입고 있으면서도 장르를 거의 탈피하다시피 하여 새로운 형태의 대전 게임 형식을 제시한 엔씨소프트(NCsoft)사의 「길드워 *Guildwar*」(2004)의 분석을 통해 MMORPG의 대안적 스토리텔링에 대해 알아보도록 하겠다.

## 「길드워」 탄생의 배경

「스타크래프트 *Starcraft*」와 「디아블로2 *Diablo2*」, 그리고 「월드 오브 워크래프트 *World of Warcraft*」로 전 세계의 게임 회사 중 가장 유명한 Blizzard사의 프로그래머 3명은 블리자드(Blizzard)사를 떠나 새로운 독립 게임 회사 아레나넷(Arena.net)을 설립했다. 제프 스트레인(Jeff Strain), 마이크 오브라이언(Mike O'brien), 패트릭 와이어트(Patrick Wyatt), 이들은 자신들이 만들어냈던 리얼타임 전략 시뮬레이션 장르의 획기적인 전환을 위해 새로운 게임을 준비하고 있었다. 특히 마이크 오브라이언과 패트릭 와이어트는 선풍적인 인기를 모은 온라인 대전 서비스인 배틀넷의 수석 프로그래머와 최초의 설계자였다는 점에서 이들의 독립은 미국 게임업계의 비상한 관심을 끌었다. 그들은 기존의 RPG 유저들에게 친숙한 인터페이스를 제공하면서도 동시에 전략이 살아있는 MMORPG와 리얼타임 전략 시뮬레이션이 결합된 형태를 원했다.

「월드 오브 워크래프트」가 개발되기 전만 하더라도 블리자드사의 게임은 대규모의 유저들이 동시에 참여하는 MMO게임보다는 소수의 유저들이 파티를 이루어서 참여하는 베틀넷(Battle.net) 형식의 온라인 게임에 집중해 온 것이 사실이다. 따라서 아레나넷의 입장에서는 한국뿐만 아니라 중국, 일본, 대만 등지에서 온라인 게임 시장을 주도해 온 엔씨소프트의 자회사가 되는 것이 나쁘지 않은 선택이었던 셈이다. 또 엔씨소프트의 입장에서도 이전에 개발한 「리니지2」에서 세계 3대 게임 프로그래머 중의 하나이자 「울티마」 시리즈의 창시자인 리차드 게리엇(Richard Garriott)을 영입하면서 재미를 본 적이 있기 때문에, 블리자드사 프로그래머의 영입을 마다할 이유가 없었던 것이다.

어쨌든 엔씨소프트의 입장에서는 정통 RPG의 대부인 리차드 게리엇의 영입에 이어 리얼타임 전략 시뮬레이션의 선두주자인 블리자드사의 프로그래머들을 자회사 직원으로 두게 되면서 향후 온라인 게임 시장에서 상당히 유리한 위치를 점하게 될 것으로 보인다. 이러한 사실은 「길드워」가 지금까지 개발된 여러 MMORPG들과는 달리 장르 통합적이고, 복합적인 게임으로 창조되는 데 결정적인 기여를 하였다. 거대 게임 회사인 마이크로소프트사나 일렉트로닉 아트(Electronic Arts)사처럼 산하에 여러 개발사를 자회사로 두면서 다양한 형태의 게임을 퍼블리싱(publishing)하는 대열에 엔씨소프트도 참여하게 된 것이다.

이런 기대를 업고 「길드워」는 '2004년 E3(Electronic Entertainment Expo)'에서 기대작으로 주목을 받았다. 이후 아레나넷을 포함해 엔씨소프트의 개발자들이 대거 게임 개발에 참여했으며, 국내 게임 최초로 소설가이자 시나리오 작가인 이인화 교수를 스토리 디렉터로 참여시켜 스토리텔링을 보강하려 노력했다. 이후 2005년 4월 28일에 오픈 베타 서비스를 실시한 이후 5월 25일 정식 상용서비스를 시작했다. 「길드워」는 현재 국내에서는 크게 인기를 끌지 못하고 있지만, 북미와 유럽에서는 각종 게임 순위에서 상위권을 차지하면서 주목을 받고 있다.

## 미션(mission)과 퀘스트(quest), 그리고 반전

일반적인 MMORPG의 경우 퀘스트(Quest)를 통해 스토리가 진행되지만, 「길드워」의 경우에는 미션과 퀘스트가 분리되어 있다. 여기에서 미션은 전체적인 게임 스토리의 진행에 맞춰진 모험들로 이루어져 있다. 즉, 미션을 통과해야지만 다른 마을이나 전진기지로 진출할 수 있는 것이다. 이를테면 플레이어는 차르의 공습에 맞추어 칼하안 장군의 지휘 아래 아스칼론 시 북쪽 성벽에서 차르 부대를 정찰해야만 라닉 요새에 도달할 수 있다. 물론 지도의 탐험을 통해 라닉 요새로 갈 수 있

「길드워」의 한 장면.

지만, 이 경우 여러 추가적인 퀘스트나 NPC의 활성을 기대할
수 없게 된다. 게임 후반부에 이르면 예언석 마을에서 자신의
도플갱어와 싸워서 이겨야만 용의 안식처에 다다를 수 있고,
용의 안식처에 도달해야지만 경쟁 미션 중 하나인 ‘고대 제왕
들의 무덤’에서 파티 전투를 벌일 수 있는 것이다. 이와 같은
미션과 미션 사이에는 동영상을 삽입시켜서 게임 전체 스토리
에 대한 이해를 돕고 있다.

이는 대부분의 MMORPG가 퀘스트를 캐릭터의 성장을 돕
기 위한 부가적인 장치로 이용하고 있는 것과 대조적이다. 실
제로 이러한 미션은 패키지 형식의 RPG 게임에서 주로 사용
되던 방식으로 MMORPG에서는 그리 환영받지 못한 모험의

방식이라 할 수 있다. 왜냐하면 열린 이야기 구조를 지향했던 기존의 MMORPG에서는 플레이어가 자신이 원하는 퀘스트만을 진행하면서 스스로 스토리를 취사선택할 수 있었기 때문이다. 그러나 「길드워」의 경우에는 엔씨소프트의 대표이사인 김택진 씨가 밝힌 바와 같이 패키지 게임의 장점과 온라인 게임의 장점을 적절히 혼합시키고 있다고 할 수 있다.

미션은 또 다시 협동 미션과 경쟁 미션으로 나뉜다. 협동 미션은 파티를 구성해서 공동의 목표를 이루기 위해 서로 협조하는 방식으로 이루어진다. 대부분의 스토리 관련 미션은 협동 미션으로 이루어져 있다. 그러나 경쟁 미션에서는 다른 플레이어들이 경쟁자로 등장하기도 한다. 즉, 자신의 파티원들 외에 다른 유저들과 경쟁을 통해 승부를 겨루는 것이 경쟁 미션의 주목적이다. 이는 기존 MMORPG에서의 PvP[8]나 공성전 등의 이벤트와 유사한 형태다. 경쟁 미션 역시 무작위의 4인 파티 경쟁 아레나, 파티를 조직해서 싸우는 파티 아레나, 8인 파티의 고대 제왕들의 무덤, 8인 파티의 길드전 등 다양한 방식이 존재한다. 사실 「길드워」는 초반의 스토리 부분만 RPG의 성격을 띠고 있을 뿐, 어느 정도 게임이 진행되면 대전 형식의 미션을 주로 즐기게 되어 그 장르적 성격이 변모하게 된다.

물론 퀘스트는 기존의 다른 MMORPG와 유사한 형태로 진행된다. NPC를 통해 활성화되며, 경험치와 아이템을 보상하는 방식은 똑같다. 그러나 「리니지2」 등의 게임에서 반복적인 퀘스트를 통해 무한히 경험치를 올릴 수 있었던 것과는 다르게 대부분의 퀘스트와 미션들은 2회 이상 수행할 경우 보상이 주어지지 않도록 고안되어 있다. 이는 온라인 게임에서 지나친 경쟁을 유발하는 경험치와 레벨 시스템의 단점을 보완하기 위한 조치로, 레벨 20을 최고의 레벨로 정해 의미 없이 반복되는 게임 플레이를 애초부터 차단하고 있는 것이다.

이처럼 「길드워」는 게임의 스토리를 전체적으로 음미할 수 있도록 상당히 닫힌 형태의 선형적인 스토리로 이루어진 미션을 모든 유저로 하여금 경험하게 함으로써 스토리의 전달력을 높이고 있다. 「길드워」의 스토리는 크게 두 부분으로 나눌 수 있다. 차르의 공습을 받아 폐허가 되기 전의 프리 아스칼론 부분과 그 이후 잃어버린 조국을 되찾는 부분이 그것이다. 여기에는 각종 신화와 역사에서 차용한 상징과 재창조된 이야기들이 흩어져 있다. 우선 차르의 공습에 따른 아스칼론 시의 멸망은 게르만 족의 이동과 로마 제국의 멸망을 상기시킨다. 티리아 왕국의 사람들이 모시는 신들이 대체로 로마 신화의 모방이라는 점을 고려할 때 이러한 증거는 더욱 분명해진다.

또 루릭 왕자가 아버지와의 불화 이후에 약속의 땅 크리타로 이주하는 장면은 성경의 모세를 떠올리게 만든다. 굳이 약속의 땅 가나안을 떠올리지 않더라도, 크리타에서 핍박받으면서 노예와 같은 생활을 하는 아스칼론 피난민들을 보면 모세의 출애굽기와 유사한 측면을 엿볼 수 있다. 또한 셰익스피어의 희곡들도 게임의 여러 부분에서 많이 차용되었다. 킬브론

공작이 모든 음모를 꾸민 장본인이었다는 사실은 자연스럽게 「맥베스 *Macbeth*」를 떠올리게 만든다. 또 루릭 왕자가 바라던 공작의 딸 엘시아와 사랑했으며, 그녀가 살해되었다는 사실에서는 「햄릿 *Hamlet*」의 햄릿과 오필리어의 관계가 연상되기도 한다. 왕국을 구할 수 있는 스톰 콜러라는 유물을 찾는 부분은 「아서왕 이야기」의 엑스칼리버 전설과 상당 부분 유사하며, 이외에도 많은 미션과 퀘스트에서 서양의 신화와 전설, 민담 등에서 응용된 모티브들을 찾을 수 있다.

상당히 긴 「길드워」의 스토리를 관장하는 원리는 바로 반전이라 할 수 있다. 이 게임의 스토리는 거듭되는 반전의 연속이라고 해도 과언이 아니다. 믿었던 백색 망토 길드가 살해 사건을 의도적으로 조작한 바라딘 공작의 하수인들이었다는 것이 폭로되는 사건, 항상 아군의 편에 서서 진두지휘했던 루릭 왕자가 마지막에 언데드로 등장해 캐릭터와 겨루는 장면, 사막의 예언석에서 싸우게 되는 존재가 자신의 도플갱어라는 것, 바라딘 공작이 모든 음모를 꾸민 리치였다는 점 등은 이 게임의 기본적인 스토리 진행의 원칙이 반전에 기반을 두고 있음을 명백하게 증명해 준다. 물론 이런 잦은 반전이 게임의 스토리를 이해하는 데 혼란을 가중시키는 것도 사실이다. 그러나 긴 시간 동안 플레이를 하면서 계속해서 드라마틱한 상황을 창조시켜야 하는 게임의 배경 스토리에서는 반전만큼 효과를 발휘할 수 있는 플롯도 없을 것이다.

## 장르의 탈피를 통한 대안적 RPG 모델

「길드워」를 개발한 아레나넷과 엔씨소프트에서는 이 게임의 장르를 MMORPG가 아닌 온라인 대전 게임이라고 홍보하고 있다. 그러나 「길드워」의 스토리 모드에서는 기존의 패키지 RPG를 연상시킬 만큼 선형적이면서도 충실한 이야기 전개과정을 보여준다. 게임의 중간에 삽입된 협동미션이나 퀘스트들을 보면 MMORPG의 요소가 완전히 배제되었다고 보기도 힘들다. 실제로 여러 나라에서 개발된 MMORPG들의 분석과 리뷰를 담당하고 있는 MMORPG닷컴(http://www.mmorpg.com)의 홈페이지에서는 「길드워」를 MMORPG의 랭킹 1위로 올려놓고 있다.

하지만 엔씨소프트의 홍보대로 이 게임은 온라인 대전 게임으로서의 가능성을 더욱 인정받고 있기도 하다. 실제로 많은 유저들이 스토리 모드를 끝낸 다음에는 경쟁 아레나나 고대 제왕들의 무덤, 혹은 길드전을 통해 대전 게임을 즐기고 있다.

이처럼 「길드워」가 온라인 대전 게임으로 인정을 받는 이유는 독특한 레벨 시스템에 기인한다고 할 수 있다. 「리니지2」의 경우에는 최고 레벨이 75에 달하고 「디아블로2」의 경우 99레벨까지 존재하지만, 「길드워」는 고작 레벨 20이 최고 수준이며 그 이상의 레벨 업은 불가능하다. 레벨 20에 도달한 이후에는 경험치 20,000을 얻을 때마다 스킬 포인트 1이 추가될 뿐이다. 즉, 기존의 MMORPG들이 캐릭터의 무한한 성장을 유도했던 것과는 달리 모든 캐릭터들이 쉽게 최고 레벨에 도달하도록 설정해놓고 그 뒤에는 캐릭터들 사이의 경쟁을 유발하는 전략을 취했던 것이다. 실제로 대인전에 들어가 보면 아이템이나 경험치의 많고 적음보다는 컨트롤과 스킬의 숙련도, 그리고 다른 유저와의 호흡에 따라 승패가 결정나는 경우가 많다.

또한 「길드워」의 모든 캐릭터는 수많은 스킬을 습득하더라도 실제 전투에는 8개의 스킬밖에 운용할 수 없도록 디자인되어 있다. 이는 「스타크래프트」에서 조건은 비슷하지만 특성은 다른 3개의 종족이 컨트롤과 전략을 통해 승부를 겨루는 것과 비슷한 방식이라고 할 수 있다. 물론 블리자드사에서 「스타크래프트」와 「디아블로2」, 「워크래프트3」 등을 만들었던 프로그래머들이 「길드워」의 전략적 성격을 의도적으로 부각시킨 것도 사실이다. 이를 위해서는 각 직업의 능력치와 경험치에 따른 보상, 아이템, 레벨 등을 공평하게 분배하는 밸런싱(balancing)이 아주 중요하다. 리얼타임 전략 시뮬레이션에서 가장 중요한 요소로 간주되는 밸런싱에 많은 투자를 함으로써 「길드워」는 리얼타임 전략 게임으로서의 면모도 갖추게 된 것이다.

물론 이를 위해서 기존의 MMORPG들이 가지고 있는 특성들을 포기한 부분들도 상당히 많다. 어떤 면에서 보자면 지속적인 레벨업 구조나 아이템의 비중을 줄인 것이 게임의 재미는 더해 주었을지 몰라도 많은 유저들을 포섭하는 데에는 문

「길드워」에서는
파티 혹은 길드와의
협동이 중요하다.

제가 있었다고 할 수 있다. 대부분의 게임 아이템과 계정, 그리고 게임 머니가 현실 세계에서 현금과 교환될 수 있는 인터넷 사이트들이 운영되면서 MMORPG는 단순히 쾌락을 위한 게임이 아닌 돈벌이의 수단으로 변질될 수도 있기 때문이다.

「길드워」가 추구하고자 하는 리얼타임 전략게임 혹은 대전 게임의 경우 유저들 사이의 공평하고도 평등한 내부의 구조를 필요로 한다. 그러나 레벨이나 아이템에 의한 유저들 사이의 상대적인 차이는 기본적으로 불평등한 계층 구조를 기본 골자로 하고 있다. 게임의 재미를 위해 도입한 레벨업의 제한이나 스킬 조작을 통한 전략적 측면이 국내 유저들에게 인정을 받지 못하는 것은 아이러니한 현상이라고 할 수 있다. 이는 우리 MMORPG들이 '게임을 통해 진정으로 추구하고자 하는 것이 무엇인가?'라는 화두를 던져주고 있는 것이라 생각된다.

## 전 세계 통합 서버와 싱글 플레이의 장점

대부분의 MMORPG 게임들은 여러 개의 서버를 운영하면서 유저들을 분산시키고 있다. 「리니지」에는 약 40개가 넘는 서버가 존재하고, 각각의 서버는 다른 서버와는 독립적으로 운영되고 있다. 그러므로 각 서버들은 완전히 독립된 하나의 세계를 구축하고 있는 것이다. 이처럼 서버를 분산시켜 운영할 경우 유저들을 적절한 수대로 분산시켜서 시스템의 과부하를 막아 안정적인 운영이 가능해진다. 그러나 이 경우 제일 먼저 만들어진 서버와 신생 서버 사이의 격차 또한 존재하게 된다. 「리니지2」의 경우 제1서버인 바츠 서버와 신생 서버 사이의 실력차는 분명히 존재한다. 각 서버는 독립된 세계이다. 따라서 통합된 서버가 존재하지 않기 때문에 누가 「리니지2」의 최고 플레이어인지 가리기 어렵게 되는 경우가 발생한다.

「길드워」의 경우 서버로 운영되던 다른 온라인 게임과는 달리 전 세계를 하나의 통합된 서버로 운영하고 있다. 일반적으로 수많은 유저들이 하나의 서버에 몰리게 되면 랙이 발생하면서 원활하게 게임을 진행하기 어려운 경우가 많다. 그러나 「길드워」는 자신만의 독특한 서버 시스템을 통해 이러한 문제를 해결하였다. 보통 MMORPG들은 게임 세계를 커다란 하나의 지도로 통합하여 여기에 모든 플레이어를 수용하고 있지만, 「길드워」에서 다른 플레이어를 만나 파티를 맺거나 물건을 교환할 수 있는 장소는 도시나 마을 혹은 전진기지뿐이다. 전장(Battlefield)이나 던전(Dungeon)에서는 다른 플레이어들을 만날 수 없다. 오직 자신과 파티를 맺은 사람이나 자신의 파티와 대인전을 펼치는 플레이어들만 만날 수 있는 것이다. 따라서 NPC에 해당하는 용병들만을 데리고 게임을 진행한다면 마치 싱글플레이(single play)를 하는 듯한 느낌을 주는 것이다.

「길드워」의 이러한 서버 시스템은 기존 MMORPG의 다중접속 장치를 도시에서만 적용하고, 전장에서는 「디아블로2」나 배틀넷에서 시도했던 P2P(Person to person) 방식의 시스템을 적용하고 있는 것이다. 이러한 시스템을 통해 서버의 부하를 줄일 수 있게 된 것이다.

전 세계의 모든 유저들을 하나의 서버에 통합 수용하게 되면서 미국이나 유럽의 유저와 한국의 유저들이 동시에 게임을 즐길 수 있게 된 것도 「길드워」 서버 시스템의 장점이라 말할 수 있다. 말 그대로 처음으로 현실에서 구체화된 글로벌 게임인 것이다. 이를 통해 전 세계 길드들의 랭킹이 나오게 되고, 길드 간의 경쟁을 유발할 수 있게 된다. 이것은 모두 이 게임이 전 세계의 모든 유저들을 하나의 서버에 통합적으로 수용했기 때문에 가능해진 일이다.

### 「길드워」의 한계와 전망

「길드워」를 플레이해 본 유저들은 이 게임의 전체적인 디자인이 블리자드사에서 그간 개발해왔던 「디아블로」 시리즈와 「워크래프트」 시리즈와 상당히 흡사한 부분이 있다고 느꼈을 것이다. 원색 위주의 색감과 서양 신화와 전설에 등장하는 여러 종족과 몬스터들(드워프, 가고일, 트롤, 스케일 등)은 전형적인 미국형 RPG의 면모를 보여준다. 이러한 디자인들은 미국형 RPG에 익숙하지 않은 아시아의 유저들에게는 상당히 낯설고 거리감을 줄 수 있다. '길드워 메이킹 필름'을 보면 아레나넷 디자이너와 엔씨소프트 디자이너 사이의 미적 인식의 차이에 따른 견해차를 느낄 수 있다. 제작 단계에서 「길드워」는 아시아의 유저들에게 친근감을 안기기 위해 아바타를 창조하는 과정에서 캐릭터의 외모에 동양인과 흡사한 옵션을 추가하는 등의 노력을 했다.

그러나 여전히 한국의 유저들은 「라그나로크 *Ragnarok*」나 「메이플 스토리 *Maple Story*」처럼 순화된 그래픽과 친근감 있게 생긴 캐릭터들이 등장하는 RPG를 선호하는 경향이 있다. 「리니지2」와 비교했을 때에도 「길드워」의 디자인은 하드코어를 선호하는 마니아들을 겨냥한 듯한 인상을 짙게 풍긴다. 이런 점들은 「길드워」가 여러 세대에 걸쳐 보편적으로 인기를 끄는 게임이 되기 힘들어지는 결과를 낳을지도 모른다.

또 현재 「길드워」는 최대 8:8, 총 16명까지의 길드전 또는 파티 아레나를 지원하고 있다. 기존의 MMORPG들이 공성전 등을 통해 대규모의 유저들이 참가하는 전투 방식을 지원했던 것과는 대조적이다. 여기에서 우리는 아레나넷 레벨 디자이너의 고민을 엿볼 수 있다. 8:8 정도의 인원에서는 여러 가지 빌

드의 조합을 통한 전략 대전게임이 가능하겠지만, 그 이상의 인원이 참가하게 되면 전략은 무시되고 양적인 우위에 의해 승패가 결정나게 되어 기존의 MMORPG와 차별되는 전투 방식을 고집하기 어렵게 된다. 게임어바웃 홈페이지나 여러 경로를 통해 유저들은 많은 사람들이 참가할 수 있는 대전 방식을 추가해 달라고 요구하고 있지만, 엔씨소프트가 이에 어떻게 대응할지는 미지수이다.

어찌되었든 「길드워」는 지금까지 개발된 다른 MMORPG와는 여러 측면에서 다른 형식적인 틀을 갖추고 있다. 특히 성장 위주의 캐릭터 운영방식을 리얼타임 전략 시뮬레이션에 가깝게 바꾼 것은 이 게임의 획기적인 성과로 기록될 만하다. 앞으로 「길드워」의 디자인 방식은 많은 온라인 게임, 특히 MMORPG의 스토리텔링에 큰 영향을 끼칠 것이다.

사실 「길드워」가 상업적으로 성공할 수 있을지는 미지수이다. 언제나 그래왔듯이 앞서 나가는 게임들은 일반적인 유저들에게서 버림받고 소수의 지지자만을 확보할 뿐이다. 그러나 천편일률적인 국내 MMORPG의 스토리텔링 방식에 당당히 문제를 제기하고, 대안적인 시스템을 제안했다는 점에서 「길드워」는 선구적인 게임으로 평가받을 만하다. 앞으로 이 게임의 행보를 관심 있게 지켜볼 일이다.

# 『삼국지』의 또 다른 창조

## 언제나 다시 재현되는 고전, 『삼국지』

『삼국지(三國志)』라는 수목이 내리고 있는 뿌리는 깊으며, 그 가지가 드리운 그늘은 넓다. '도원결의(桃園結義)'로 시작해서 '오장원(五丈原)'의 별이 지는 순간까지 수많은 영웅들이 시대를 풍미하고 또 부침(浮沈)하는 대서사시가 바로 『삼국지』이다. 그 속에는 당대 최고의 무장들의 무용담, 속고 속이는 머리싸움, 대의와 명분, 사랑과 우정까지 인간사에서 겪을 수 있는 모든 이야깃거리들이 존재한다. 『삼국지』가 훌륭한 인생 지침서로 활용되고 있다는 것은 소설 속의 인물들이 경험한 일들을 거울삼아 독자들이 이를 자신의 간접체험으로 활용하고 있다는 사실에서 비롯된다. 『삼국지』가 고전의 반열에 오를 수 있는 이유는 인생의 지혜가 담긴 보고(寶庫)이기 때문일 것이다.

그러나 『삼국지』가 고전 중의 고전인 까닭은 새로운 형태로 끊임없이 재창조되고 있기 때문이다. 『삼국지』는 그동안 다양한 형태의 소설로 평역돼 왔다. 굳이 진수의 정사(正史) 『삼국지』를 바탕으로 나관중이 드라마성 강한 『삼국지연의(三國志演義)』라는 소설을 창조한 것을 예로 들지 않더라도, 일본의 진순신, 한국의 김구용, 이문열, 황석영, 장정일 등이 새롭게 평역된 소설을 선보이고 있다. 또한 『삼국지』는 만화, 영화, 애니메이션, 게임 등 다양한 장르로 전환되고 있기도 하다.

그 중 우리가 오늘 살펴볼 장르는 『삼국지』의 또 다른 창조적 형태로 주목받고 있는 게임이다. 장르의 특성상 소설이나 영화, 만화, 애니메이션같이 시작과 결말이 닫힌 구조로 돼 있는 원작을 충실하게 재현하는 데 중점을 두고 있다. 얼마만큼 원작의 서사 구조를 충실하게 복원하고 또 흥미를 위해 드라마적인 측면을 극대화하느냐 하는 것이 이런 장르들의 특성이라 할 수 있다. 따라서 이 작품들은 모두 다 자신이 정본(正本)임을 내세우지만, 실제로는 정사와 연의 사이를 아슬아슬하게 줄타기하고 있는 또 다른 이본(異本)임에 다름 아니다. 이런 닫힌 구조의 장르에서는 독자와 스토리 사이에 서로 개입할 수 없는 장벽이 가로놓여 있다. 실제로 소설의 미학은 여기에서 창조된다고 봐도 된다. 자신이 패배할 줄 알고 있으면서도 마지막 혼을 불사르기 위해 출사표를 올리는 제갈량(諸葛亮)을 지켜보는 독자는 패배자가 최선을 다하는 비장의 미학을 느끼게 된다. 독자의 의지나 의도와는 상관없이 모든 것이 결정돼 버리는 운명의 찬바람이 『삼국지』를 읽는 참맛을 더해 주는 것이다.

그러나 때로는 타인의 운명을 내 손으로라도 개척해 주고 싶은 욕망이 일어나는 경우가 있을 것이다. '만약 내가 그러한 상황에 놓인다면' 혹은 '나라면 그렇게 쉽게 속거나 포기하지는 않았을 텐데'하는 생각을 누구나 해보았을 것이다. 이렇듯 『삼국지』 속의 영웅들의 삶을 대신 살아보고픈 마음을 게임으로 구현한 것이 바로 코에이(Koei)사의 「삼국지」 시리즈이다. 이 시리즈는 전략 턴 방식 시뮬레이션 장르의 가장 대표적인 게임으로 현재 시리즈가 10편까지 발매됐으며, 다양한 형태의 장르로 변형돼 시장에 선보여 왔다.

현재까지 『삼국지』를 기반으로 개발된 게임은 약 50종에 육박하고 있다. 원소스 멀티 유즈(One Source Multi-use)의 극대화를 보여주는 『삼국지』 게임들은 턴 방식 전략 시뮬레이션, 리얼타임 전략 시뮬레이션, RPG, MMORPG, 온라인 시뮬레이션, 액션, 대전 액션 등 무수한 장르로 재창조되었다. 턴 방식 전략 시뮬레이션에서는 코에이사의 「삼국지」 시리즈를 제외하고도, 같은 회사의 PS2 게임 「삼국지전기」, 오딘소프트의 「삼국군영전」 시리즈, 네오게튼의 「삼국지 와룡전」 등이 선보인 바 있다.

또한 「스타크래프트」와 유사한 형태의 리얼타임 전략 시뮬레이션 방식의 「삼국지 천명」이 유저들에게 인기를 끌고 있다. RPG의 형태로는 1980년대 후반부터 패미컴 게임기를 활용하여 캡콤(Capcom)사에서 「천지를 먹다」 시리즈를 선보였으며, 코에이사가 개발한 RPG 방식의 「삼국지 영걸전」, 「삼국지 공명전」, 「삼국지 조조전」, 대만의 ACER사의 「삼국지 조자룡전」 시리즈 또한 많은 유저들로부터 인기를 끌었다. 이밖에도 MMORPG 형태로 개발된 위버인터랙티브사의 「온라인 삼국지」 등이 있다.

기본적으로 『삼국지』가 전쟁을 배경으로 한 작품임에 착안하여 액션을 강화한 게임들 또한 그 역사가 오래 되었다고 할 수 있다. 1990년대 초반 한창 인기를 끌던 대전 액션 게임의 형식을 띤 「삼국지 무장쟁패」를 비롯하여, 오락실의 아케이드 게임으로 많이 보급된 캡콤사의 「천지를 먹다」 등이 많은 인기를 끌었다. 이러한 액션 장르는 콘솔 게임에서 절정에 이르러 코에이사에서 개발한 「진삼국무쌍」 시리즈는 현재 4편에 이르기까지 각종 게임 순위에서 상위에 랭크되는 등 많은 유저들의 주목을 받았다.

그러나 이러한 다양한 시도에도 불구하고 턴 방식의 전통적인 시뮬레이션 게임이 계속해서 인기를 끌어왔다고 할 수 있다. 「삼국지」 시리즈의 누적 판매량은 한국에서만 100만 장이 넘는데, 이러한 수치는 불법 복제의 피해를 가장 많이 입는 게임이 「삼국지」 시리즈임을 감안할 때 대단한 수치라고 말할 수 있다. 초기의 「삼국지」 시리즈 게임들이 주로 정사나 『삼국지연의』의 역사적 사실들을 주로 재현하는 것에 머물렀다면, 1990년대 중반 이후에 나온 게임들은 독자적인 시스템을 통해 독특한 재미를 주고 있다. 예를 들어 신군주 시스템을 선택할 경우, 마치 자신이 고대 중국의 삼국시대로 돌아가 중국 전토를 정복하는 쾌감을 맛볼 수 있게 해 준다.

## 「삼국지」 시리즈의 탄생과 영웅 심리

게임 개발자들이 간과하는 것 중의 하나는 유저들이 게임을 즐기는 과정에서는 심리적인 동기가 유발돼야 한다는 것이다. 이것은 유저들이 단순히 화려한 그래픽이나 편리한 인터페이스에 끌린다는 것이 아니라, 게임이 궁극적으로 지향하는 목표에 심리적으로 이끌려야 한다는 것이다. 그러한 심리를 간파해낸 게임들은 대개 성공하기 마련이다.

한 명의 플레이어가 어떤 캐릭터를 선택해 게임을 플레이한다면, 캐릭터는 플레이어가 게임 내부에서 구현하고 싶어하는 욕망들을 적절히 반영해 보여줘야 한다. 이러한 욕망들은 현실의 욕망에 대한 대리적인 측면을 띠고 있기 때문에 다분히 현실에 바탕을 두고 있지만, 때로는 이러한 현실적인 요건들을 뛰어넘어 불가능한 것들을 희구하는 경우도 생기는 것이다.

코에이사의 「삼국지」 시리즈가 처음 발매된 것은 1989년

턴 방식 전략 시뮬레이션의 원조격인 「삼국지」 시리즈의 시작, 「삼국지」.

의 일이었다. 지금 보면 상당히 조악한 화면 구성에 엉성한 인터페이스같이 보이지만, 턴 방식의 전략 시뮬레이션의 시발점에 해당되는 게임이다. 이 최초의「삼국지」 시리즈의 기본 전제는 중국을 통일하는 것이다. 몇 개의 주 혹은 도시로 나눠진 중국 영토를 하나씩 정복해 나가면서 중국 전토를 통일하게 되면 게임의 목표가 달성된다. 이 게임은 무엇보다 우선적으로 유저의 영웅 심리를 이용해 자신이 중국 전토의 지배자가 되고 싶은 심리를 이용하는 것이라 할 수 있다.

재미있는 것은 이와 같은 턴 방식의 전략 시뮬레이션 게임이 유독 한국과 일본에서만 인기를 끌고 있다는 점이다. 조조, 유비, 손권 등과 같은 군주의 입장에서 볼 때, 백성과 군대는 단지 몇만, 몇십만 같은 계량화된 수치로 존재한다. 통치자의 입장이란 것이 그런 것이다. 실제로 군주들이 위하고자 하는 것은 그 계량화된 수치의 백성들일 텐데, 실제로 게임에서 주목하는 것은 주인공 캐릭터의 드라마틱한 성공 혹은 통일이다. 어쨌든 코에이사가 추구하는 전략 시뮬레이션의 커다란 밑그림은 「삼국지I」에서 거의 다 완성된다. 장수의 등용과 전투, 외교, 내정, 군대의 시스템이 이미 이 시기에 완성되는 것이다.

## 영웅 중심주의의 탈피와 장르의 변화

이러한 군주 중심적 시스템이 변화하게 된 계기는 「삼국지VII」에서 찾을 수 있다. 「삼국지VII」은 최초로 군주만이 아닌 대부분의 장수로 게임을 진행할 수 있게 하면서, 『삼국지』 원전을 또 다른 형태로 재현해내고 있다. 이를테면 조조, 유비, 동탁 등으로만 게임을 진행하는 것이 아니라, 조운이나 장비, 심지어는 도겸 휘하의 조표 등으로도 게임을 즐길 수 있게 된 것이다. 물론 「삼국지I」과 「삼국지VII」 사이의 시간 동안 게임 시스템은 상당 부분 수정되고 새로운 형태로 전환돼 왔지만, 무장 중심으로 게임을 진행하게 된 「삼국지VII」에 이르러 비로소 코에이사의 전략 시뮬레이션이 목표로 하던 영웅중심주의적인 세계관을 벗어나게 된 것이다.

「삼국지」 시리즈의 이러한 변화가 시사하는 바는 크다. 기존의 「삼국지」 시리즈가 전략 위주의 시뮬레이션 장르에 가까웠던 것에 반해, 「삼국지VII」은 롤플레잉의 성격이 가미된

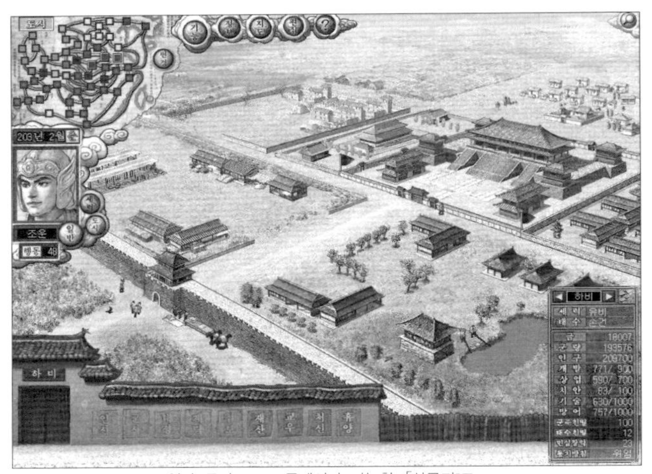

일반 무장으로도 플레이가 가능한 「삼국지Ⅶ」.

새로운 장르의 게임으로 변모하게 된다. 즉, 「삼국지Ⅵ」의 메인 모티브가 군주 모티브 하나로 한정되는 것에 반해 「삼국지Ⅶ」에서는 모든 장수로 플레이할 수 있게 되면서 다양한 모티브들이 가능해진다. 「삼국지Ⅶ」에서 장수의 신분은 재야장수 -일반장수-태수-군사-군주의 5단계로 나누어져 있기 때문에, 각각의 장수가 내릴 수 있는 권한 역시 다르다. 따라서 국가를 지배하는 것이 유일의 목적이었던 전작과 달리 '개인의 성공'이라는 성장 모티브가 추가로 부가된다. 그러므로 「삼국지Ⅶ」의 모티브는 다음과 같이 다양해질 수 있다. 물론 이러한 모티브들은 사용자의 선택에 따라 얼마든지 다양한 형태로 나눠질 수 있으며, 이 모티브들은 언제나 인터랙티브 모티브(interactive motif)들이다.

기존 삼국지 시리즈들에서도 상성(相性) 관계 데이터에 의한 인간관계 설정이 도입됐지만, 「삼국지Ⅶ」에서는 이와 같은 인간관계가 표면화돼 나타난다. 각각의 인간관계는 경애(敬愛)-신뢰(信賴)-우호(友好)-대면(大面)-혐오(嫌惡)-불구대천(不俱戴天)의 순으로 등급화돼 있다. 따라서 이전 「삼국지」 시리즈나 원작에서 표현할 수 없었던 의형제의 관계나 도원결의 등도 쉽게 표현할 수 있게 됐다.

이러한 변화는 기존의 「삼국지」 시리즈 게임들이 권력 욕망의 추구에만 관심을 기울였던 것과는 다르게, 권력 욕망을 쟁취하기 위한 드라마틱한 변화의 가능성들을 고려한 결과에서 비롯된 것이다. 「삼국지Ⅶ」이 보여주는 개인적 드라마의 가능성은 사실상 권력욕 추구 이전에 명예욕이 우선적으로 확보돼야 함을 보여준다. 이는 권력이란 혼자서 쟁취할 수 있는 것이 아니라, 개인의 부단한 개발과 두터운 인간관계를 통해 형성될 수 있는 것임을 보여주는 예라 할 수 있을 것이다.

실례로 악명이 높은 군주가 영토를 확장하거나 황제를 괴롭힐 경우, 컴퓨터나 사용자의 판단에 따라 주변의 군주들이 반(反) 연합세력을 도모하는 경우가 발생한다. 이러한 이벤트의 설정은 「삼국지Ⅶ」의 드라마적인 목표가 단순한 권력의 쟁취에 있는 것이 아니라, '수신제가치국평천하(修身齊家治國平天下)'의 가치를 실현하는 데 있는 것으로 해석하도록 도움을 준다. 이와 같이 게임의 성격이 변하면서 「삼국지」 시리즈에서는 전략이나 대의(大義)적인 업적보다는 개인적인 성취를 중요시하는 방식이 주목받게 된다. 특히 「삼국지Ⅷ」에 이르면 개인의 능력을 높이기 위해 부여된 임무를 완수하고, 명성을 높이는 이른바 퀘스트 중심으로 게임이 재편되게 된다. 이러한 상황에서 유저는 전략 시뮬레이션을 즐김과 동시에 장수 중심의 롤플레잉적인 요소를 동시에 맛보게 되는 것이다. 물론 게임의 이러한 시스템 변화가 항상 유저들의 지지만을 받아온 것은 아니다. 전략 시뮬레이션적인 성격이 가장 강했던 「삼국지Ⅵ」를 시리즈 최고의 게임으로 꼽는 매니아들이 많을 정도로 이러한 시스템의 변화는 많은 반론을 불러 일으켰던 것이다.

## 전략적 성격의 강화와 온라인 게임을 위한 포석

그러나 코에이의 이러한 시도는 「삼국지」 시리즈가 궁극적으로 목표하는 바를 이루기 위한 시범적인 시도였다고 보는 것이 옳을 것이다. 코에이는 향후 게임 시장을 제패하기 위해서는 무엇보다 온라인 게임 시장을 장악하는 것이 필요하다고 생각해왔다. 그러나 코에이가 주로 개발해온 전략 시뮬레이션 게임은 리얼타임으로 진행되지 않는 턴 방식이었기 때문에 온라인으로 개발하기에는 이론적인 한계가 따를 수밖에 없었다. 따라서 전략 시뮬레이션과 MMORPG가 혼합된 게임을 염두에 두고 여러 가지 방식으로 게임을 개발하기에 이른다. 「삼국지Ⅸ」의 경우「삼국지Ⅷ」까지 시도해왔던 장수 중심의 게임 진행 방식을 버리고, 전략적인 측면을 상당히 부각시킨다.

「삼국지Ⅸ」은 중국 전토를 하나의 지도로 표현한 것이 특징이다. 기존의「삼국지」시리즈들이 내정 명령을 내리는 인터페이스와 전투 명령을 내리는 인터페이스가 서로 다르게 진행됐던 것과는 달리 이 둘을 하나의 인터페이스로 통합한 것이다. 하나로 통합된 인터페이스의 경우 전투 장면 등에서 표현해야 될 디테일이 줄면서 화려함이나 박진감은 줄어드는 반면, 여러 유저들을 동시에 소화할 수 있도록 시스템의 부담을 줄여주는 장점이 있다.

이러한 변화는 사실상「삼국지」시리즈의 온라인화를 위한 시도일 가능성이 크다. 많은 유저를 동시에 수용하면서 실시간으로 데이터를 처리하기 위해서 고심한 흔적이 게임 곳곳에 보인다. 특히「삼국지Ⅸ」에서는 장수 한 명만 고군분투하더라도 승리를 차지할 수 있었던 기존의「삼국지」시리즈와는 달리, 상당히 사실적인 진행 방식과 높은 수준의 난이도를 보여준다. 수많은 유저들이 중국 전토를 배경으로 한「삼국지」온라인 게임에 접속했다고 가정했을 때, 장수 중심의 플레이가 가능한「삼국지Ⅶ」이나「삼국지Ⅷ」의 인터페이스를 사용한다면 게임의 밸런스가 맞지 않게 된다.

「삼국지Ⅸ」을「삼국지Ⅹ」과 더불어「삼국지」시리즈의 한 축으로 놓을 수 있는 이유는 바로 이와 같이 잘 조절된 난이도와 밸런스, 그리고 풍부한 전략과 전술 덕분이다. 다시 말해 「삼국지IX」은 원작인 『삼국지』를 국가와 국가 사이의 투쟁 혹은 새로운 역사의 창조 과정으로 해석하는 입장과 동일하다. 비록 등장인물의 드라마틱한 스토리가 조금 부각되지 않더라도 전략적인 입장을 중요시하는 것이다. 이를 통해 통시적인 역사의 흐름이 강조되고, 개인의 자아 성취나 극적인 이야기 등은 커다란 역사의 물줄기에 묻히게 되는 것이다.

**원전(原典)으로의 회귀와 「삼국지」 시리즈의 미래**

「삼국지」 시리즈를 초창기부터 즐겨온 유저들은 이 게임이 가끔 원전과는 무관하게 가상적으로 흘러가버리기 쉽다는 점을 아쉬워하는 경우가 많았다. 왜냐하면 모든 게임은 인터랙티브 모티브를 차용하고 있기 때문에, 유저의 선택과 의지에 따라 게임의 상황이 변화하는 것이 그 본질을 이루기 때문이다. 따라서 『삼국지』 원전의 백미를 이루는 적벽대전이라든가 오장원 전투, 반동탁 연합 등은 게임에서 표현하기가 쉽지 않았다. 그러나 시리즈의 마지막을 장식하고 있는 「삼국지X」의 경우 지금까지의 완결편답게 원전의 흐름을 따라가면서 게임을 즐길 수 있도록 상당한 배려를 하고 있다.

이전까지의 「삼국지」 시리즈가 중국의 통일을 목표로 하고 있다면, 「삼국지X」의 경우는 중국 전토의 통일을 목표로 하기보다는 『삼국지』라는 소설 속에서 한 인물이 어떻게 살다 갔는지를 유저들로 하여금 음미하게 하는 것을 목표로 삼고 있다. 그만큼 이 게임은 원전에 충실하다는 이야기이다. 가령 유비의 경우 반동탁 연합에 참전할 때에는 평원에 머무르고 있지만, 도겸의 구원 요청을 받아들여 서주로 가게 되면서 또 다른 전기를 마련하게 된다.

기존의 「삼국지」 시리즈에서 유비로 플레이할 경우에는 도겸이 유비에게 구원을 요청하는 경우가 발생하지 않으며, 대부분의 유저들은 평원을 근거지로 삼아 세력을 확장시켜 나가게 된다. 이렇게 게임이 진행될 경우 『삼국지』 원전과는 전혀 무관한 새로운 스토리가 창조되는 것이다. 그러나 「삼국지 X」의 경우 어느 정도의 조건만 충족되면 도겸으로부터 구원 요청이 오도록 이벤트를 설정해 놓았다.

「삼국지 X」의 이벤트는 기존의 시리즈에 차용된 이벤트와는 성격 자체가 다르다. 기존 시리즈의 이벤트는 기껏해야 장수의 등용이라든가 아이템의 획득 정도에 그치는 경우가 많았다. 그러나 「삼국지 X」에서는 정권의 이양, 도시 탈취, 방랑, 반세력 연합 등과 같은 세력의 판도를 뒤바꿀 수 있는 강력한 이벤트들을 바탕으로 원전의 흐름을 쫓아가고자 애쓴다. 실제로 도겸의 요청을 받아들일 경우 유비는 도겸으로부터 서주를 넘겨받게 된다. 이어서 서주를 넘겨받은 유비는 여포를 소패에 받아들일 것인가를 결정하고, 이를 받아들이게 되면 십중팔구 여포의 배반 때문에 서주에서 쫓겨나 조조에게 의탁하게 된다.

기존의 「삼국지」 시리즈에서는 이와 같은 흐름대로 게임이

「삼국지Ⅹ」의 전투장면.

진행되는 것이 거의 불가능했다. 상황이 너무 유동적이고 인터랙티브 모티브들이 많이 차용되면서 게임이 가상적으로 흘러가는 경우가 빈번했던 것이다. 그러나 「삼국지Ⅹ」은 인터랙티브 모티브들을 많이 줄이고, 원전의 서사적인 흐름을 따라갈수 있도록 스토리 중심의 게임으로 변모하였다.

여러 장수로 플레이할 수 있고, 드라마틱한 측면이 부각됐다는 점에서 「삼국지Ⅹ」은 「삼국지Ⅷ」의 수정판이라고 말할 수 있다. 「삼국지Ⅹ」이 겨냥하고 있는 이러한 게임의 흐름은 마치 잘 짜인 롤플레잉 게임을 보는 것 같은 느낌을 준다. 그도 그럴 것이 「삼국지Ⅹ」은 끊임없이 플레이어로 하여금 특정한 이벤트를 완수하고 이를 통해 보상을 받도록 하는 순환

구조를 강요한다. 얼핏 보면「삼국지Ⅹ」의 캐릭터들은「리니지2」같은 MMORPG에서 열심히 퀘스트를 해결하고 있는 앨프족 전사 같은 느낌을 준다.

이런 변모는「삼국지Ⅸ」이 MMOSG(Massively Multiplayer Online Shooting Game)와 같은 새로운 형태의 장르를 예고하고 있는 것처럼, MMORPG의 형태로 변환 가능한 새로운 모습의「삼국지 온라인」을 엿볼 수 있게 해준다. 코에이사는 2002년 8월 온라인에서 플레이가 가능한 온라인 시뮬레이션 게임「삼국지 배틀필드」를 출시했다. 기존의 턴 방식 전략 시뮬레이션에서 보여준 인터페이스를 과감하게 축소하고 전략적인 측면만 남겨둔 이 게임은 코에이가 온라인 시장에서「삼국지」시리즈의 전망을 타진한 최초의 시도로 평가받을 만하다. 그러나 여러 가지 기술적인 한계와 시스템의 제한으로 상업적으로 큰 성공을 거두지는 못했다.

코에이에서 내놓을「삼국지 온라인」은 컴퓨터 게임 시장에 큰 파장을 몰고 올 것이 분명하다. 물론 코에이가 빠른 시일 내에 새로운 형태의「삼국지 온라인」을 선보이지는 않을 것이다. 그렇지만 그 어렴풋한 형체를「삼국지Ⅸ」과「삼국지Ⅹ」을 통해 유추해 보는 것은 가능하다. 전략적 성격이 강화된 새로운 형태의 온라인 게임이 될 것인지, 아니면 서사성이 강화된 MMORPG 형태의 온라인 게임이 될 것인지 생각해보는 것도 재미있을 것이다.

그러나 아무리 다양한 형태로『삼국지』가 재창조된다고 하더라도 원전이 가진 무궁무진한 전략과 전술의 묘미를 뛰어넘기는 쉽지 않을 것으로 보인다.『삼국지』가 내리고 있는 뿌리가 워낙 굵고 깊기 때문에, 이러한 창조적인 변형은 계속되면 될수록 원전의 가능성을 부각시켜 주는 것이다.『삼국지』가 고전 중의 고전인 까닭은 바로 여기에 있다.

# 아바타형 캐릭터와 인물의 운명

## 운명을 벗어난 캐릭터

전통적인 소설이나 희곡 양식에서 등장인물은 내면을 드러 냄으로써 자신의 존재를 증명해 보인다. 햄릿은 갈등하고 고민하는 인간이었기에 작품에서 스스로 살아있음을 증명할 수 있었다. 햄릿에게 있어서 중요한 것은 외적인 환경이나 타인이 아닌 자신의 의식과 주체성이었다. 그것은 바로 내적 갈등이 생성시킨 인물의 생생함이다. 독자 혹은 관객들은 햄릿의 갈등을 마주하면서 그가 살아있음을 느낌과 동시에 그에게 닥쳐올 비극적인 운명에 대해 슬퍼하고 또 감동하게 되는 것이다.

고전적인 서사 양식에서 인물에 덧씌워진 운명은 언제나

꼬리표처럼 그를 따라다닌다. 이러한 운명을 피해보려는 노력이 오히려 그를 더 비극적인 구렁텅이로 몰아넣는 예를 우리는 「오이디푸스 왕」이나 「무녀도」 같은 작품에서 발견할 수 있다. 하나의 닫힌 서사인 이러한 예술 양식에서 운명은 작품을 완결하는 역할뿐 아니라 인물의 개성을 돋보이게 해주는 촉매제 역할도 하게 된다. 운명이란 인물에게 다가오는 불가항력적인 힘이다. 운명에 저항할 수도, 거스를 수도 없기 때문에 그 지점에서 사건은 종결되고 이야기는 파국을 맞는다. 다시 말해 인물 앞에 닥친 운명은 하나의 스토리를 결말에 가깝게 가져가는 가장 강력한 힘인 것이다.

그러나 디지털 콘텐츠, 특히 게임에 있어서 인물에 운명을 덧씌우는 작업은 쉽지 않아 보인다. 애초부터 게임은 정해져 있는 운명을 거부하고 이를 극복해 나가는 구조를 취하고 있기 때문이다. 게임의 캐릭터가 목표로 하는 것은 자기에게 주어진 미션— 이러한 미션은 대체로 선형적인 문제 해결의 구조를 가지고 있다— 을 해결하고 영웅이 되는 것에 있다. 만일 도전에 실패했다고 하더라도 언제든지 다시 플레이할 수 있기 때문에 패배나 실패는 운명만큼의 커다란 힘을 발휘하지 못한다. 인물의 실패나 죽음은 극복해야 될 대상이지, 패배한 사실에 대한 감상이나 분석 따위가 허용되지 않는 것이다.

기존의 예술 장르와 달리 게임에서 구현할 수 없는 것이 운명적 비극이다. 좀 더 정확하게 말하자면 게임이 가지고 있는 상호작용성과 비극성은 동시에 공존할 수 없다는 말이다. 물론 게임 기획자가 게임의 결말을 닫힌 구조를 통해 비극적으로 형상화할 수는 있다. 그러나 대체로 모든 게임들은 비극적인 결말에 대해 무관심하다. 게임에서의 실패는 구체적으로 묘사되지 않고, 단지 'Game Over'라는 단순한 메시지로 표현된다. 'Game Over'라는 표시는 어떤 서사의 종말을 암시하는 것이 아니라, 게임에 다시 도전하라는 내포적 의미를 강하게 띠고 있다. 주인공의 죽음과 패배를 게임 내부에서 설명하는 것이 아니라 "당신의 게임이 끝났다."라고 말하는 것은 실패한 서사를 성공으로 바꾸게끔 유도하기 위한 장치에 불과하다는 것이다. 결국 모든 게임은 성공과 목표 달성을 향해 진행되는 직선적인 성격을 지닌다.

## 게임이란 새장에 갇힌 캐릭터

자넷 머레이의 『인터랙티브 스토리텔링』은 게임 혹은 하이퍼텍스트와 같은 디지털 서사에서 비극적 운명의 가능성을 진단해보고 있다. 그녀는 게임에서 비극적인 소재를 선택하는 것은 충분히 가능하고, 이를 의식의 흐름과 같은 기법으로 생생하게 재생하는 것도 가능하지만 이는 어디까지나 사건을 고정된 것으로 받아들이는 것일 뿐이라고 말한다.[9] 디지털 서사는 다중적인 방식으로 스토리의 사건들을 쫓아갈 수 있지만, 그 사건 안에서 행동하거나 플롯을 변화시킬 수는 없는 것이다. 그렇다면 이것은 "게임에서 운명적인 비극성의 느낌을 그대로 보존하면서도 좀 더 높은 수준의 에이전시와 운명적 느낌을 제공할 수 있느냐?"라는 문제로 직결된다. 다시 말해 인터랙티브를 통한 서사 구조에서는 언제나 사건이 유동적으로 바뀔 수 있지만, 운명적인 비극성이 모자라다는 것이다.

「파이널 판타지X」은 전체가 하나의 거대한 비극 서사시이다. 주인공 티더는 현실상에서는 존재하지 않는 꿈으로만 이루어진 도시 자나르칸드에 살고 있다. 결과적으로 자신의 존재가 실재하는 것이 아니라 의식상에서만 가능한 존재라는 것을 깨닫는 비극적 구조로 되어 있는 것이다. 이처럼 게임에서도 기획자가 의도한 비극은 가능하나, 이러한 비극적 결말을 사용자의 결정에 맡겨 인터랙티브한 서사를 구축할 경우 비극은 불가능해진다. 왜냐하면 외부적인 강제가 주어지지 않는 선택 가능한 운명이란 존재할 수 없기 때문이다.

문학 텍스트의 서사가 어느 정도 객관적으로 확인할 수 있는 일정한 고정성을 갖고 있고, 극 텍스트의 서사가 연출가의 개입에 의해 비교적 유동성을 가지긴 하나 여전히 객관적으로 검증해볼 수 있는 서사구조를 갖는 것이라면, 게임의 서사는 극이나 문학텍스트와 비교가 되지 않으리만큼 매우 큰 폭의 임의성을 특질로 가지고 있는 것이다. 이 임의성은 게임의 프로그램 자체가 전제로 삼고 있는 것으로서 현실적으로 게이머의 제어와 컴퓨터의 반응을 가능하게 하는 인터페이스에 의해 보장되고 있다. 이처럼 게임이 부여하는 상호작용성의 우연적 구조는 외부적 강제에 의한 비극적 결말과 양립할 수 없는 것이다.

게임의 소재들이 대체로 영웅 서사의 구조를 띠거나 신의 위치에서 캐릭터를 조종하는 입장에 서있는 것은 이와 같은 상호작용성과 비극성의 근본적인 양립 불가능성에서 비롯된 것으로 보인다. 이러한 결론은 게임의 서사 구조가 지니는 소재적인 한계를 암시하며, 동시에 선형적인 미디어만이 구현할 수 있는 서사 구조의 우월성을 암시하는 것이기도 하다. 결국 게임 속의 캐릭터는 자신의 운명을 극복할 수는 있지만, 게임이라는 프로그래밍된 구조를 벗어날 수는 없는 것이다.

## 아바타형 캐릭터의 변천 과정

언제부터인지 컴퓨터 게임과 온라인 게임, 인터넷 채팅 서비스, 커뮤니티 등에서 아바타(Avatar)라는 용어가 자주 등장하고 있다. MMORPG에서는 사용자와 캐릭터를 자기 동일시할 수 있게끔 캐릭터를 창조할 수 있는 기회를 부여한다. 다른 여타의 서비스에서도 마찬가지이다. 종래에는 하나의 혹은 몇몇의 정해진 캐릭터 안에서 게임을 진행했던 것과 달리 요즘의 게임에서는 사용자의 선택의 폭을 넓히고 캐릭터와 사용자 사이의 일치되는 감정을 극대화하기 위해 이러한 아바타형 캐릭터를 제공하는 경우가 많아지고 있다.

아바타는 본래 분신(分身) 또는 화신(化身)을 뜻하는 말로, 사이버공간에서 사용자의 역할을 대신하는 캐릭터이다. 아바타의 어원은 산스크리트어 '아바타라(avataara)'에서 찾을 수 있다. 원래 아바타는 '내려오다'라는 의미의 산스크리트어 'Ava'와 땅이란 뜻의 'Terr'의 합성어이다. '아바타라'는 '내려오다'라는 뜻을 지닌 동사 '아바트르(ava-tr)'의 명사형으로 '신이 지상에 강림함' 또는 '지상에 강림한 신의 화신'을 뜻한다. 산스크리트어 '아바타라'는 힌디어에서 '아바타르'로 발음된다. 우리가 현재 사용하고 있는 '아바타'라는 용어는 힌디어 '아바타르'에서 맨 끝의 '르'발음이 탈락된 형태이다. 힌두신화는 이러한 아바타를 보존의 신으로 일컬어지는 '비슈누'(vishnu) 같은 신이 인간이나 동물의 몸을 빌려 '땅으로 내려와 육체성을 획득한 존재'를 일컫는 말로 썼다.

현대적 의미의 '아바타'란 용어를 처음으로 쓴 것은 닐 스티븐슨(Neal Stephenson)의 『스노우 크래시 *Snow Crash*』라는 SF소설이라고 알려져 있다. 이 소설에는 메타버스(metaverse)라는 가상의 나라가 있고, 여기에 들어가려면 모든 사람들은 '아바타'라는 가상의 신체를 빌려 활동을 하게 되어있다.[10] 이후 이러한 소설상의 가상세계들이 웹상에서 조금씩 구현되기 시작했다.

아바타라는 용어는 그 어원에서도 알 수 있듯이 신화적인 의미를 내포하고 있다. 실제로 아바타가 처음 사용된 오리진(Origin)사의 「울티마」 시리즈에서 아바타는 왕과 제사장의 역할을 도맡아 하고 있는 로드 브리티시(Lord British)의 부름을 받아 가상의 세계에 들어오게 된다. 일종의 소환수의 자격으로 하늘에서부터 강림한 존재로 아바타를 그리고 있는 것이다. 또한 「울티마」 시리즈에서는 아바타를 만들 때 자기 자신의 가치관을 설정하기 위하여 몇 가지 질문을 던진다. 이를 통해 형성된 가치관은 게임 내부에서 강력한 영향력을 미친다. 자신과 가치관이 다른 사람을 동료로 맞이하기 힘들다거나, 혹은 가치관에 어긋난 행동을 했을 때 동료의 신뢰가 떨어지거나 떠나가 버리는 경우가 발생하는 것이다. 이처럼 「울티마」 시리즈에 사용된 초기의 아바타는 아바타라는 말의 어원적 의미와 크게 다르지 않은 신화적인 의미를 지닌 것으로 그려진다. 또한 현재 여러 디지털 콘텐츠에서 흔히 사용되는 아바타의 생성 과정을 연상시키는 일종의 선택 과정이 주어지는데, 아바타가 사용자의 분신으로 사용되는 것처럼 사람마다 다른 취향, 가치관 등을 선택해 다양한 형태의 아바타를 수용할 수 있도록 한 점이 주목할 만하다.

그러나 최근 유행하는 MMORPG 혹은 패키지 게임에 차용되고 있는 아바타형 캐릭터는 그 어원이 가지고 있는 신화적인 의미가 탈각된 채 단순히 사용자가 임의적으로 창조하는 캐릭터에 그치는 경우가 많다. 대단위의 사용자들이 모여 하나의 가상 사회를 이루는 MMORPG의 경우 각각의 캐릭터마다 고유한 특성을 부여하기는 쉽지 않을 것이다. 개발자의 입장에서도 가치관이나 행동 패턴 같은 복잡한 인터페이스 프로그래밍이 필요한 부분을 굳이 MMORPG에 삽입할 필요성을 느끼지도 않을 것이다. 화려한 3D그래픽이나 고가의 희귀 아이템, 길드와 같은 공동체적 모임의 강화만으로는 계속해서 같은 패턴으로 창조되고 있는 MMORPG의 구태의연한 모습을 극복하기 힘든 측면이 있다. 그렇다고 해서 아바타형 캐릭터가 가지지 못한 개성적 측면을 보완하지 못한다면 단순히 반복되는 패턴, 지루함을 견디기 위한 궁여지책 수준의 게임을 넘지 못할 것이다.

### 인터넷과 아바타형 캐릭터

인터넷 사용자가 늘어나고 업체에서 제공하는 서비스의 폭이 넓어지면서 아바타가 활용되는 분야는 온라인 게임을 넘어서서 커뮤니티, 채팅 서비스, 사이버 쇼핑몰, 가상교육, 가상오피스 등으로 확대되고 있다. 특히 몇 년 전부터 아바타가 '캐릭터 머천다이징(Character Merchandising)'과 같은 수익모델로 주목받자 각종 인터넷 사이트에서도 아바타가 우후죽순처럼 도입되기 시작했다.

현재 상업사이트들이 경쟁적으로 서비스하고 있는 '아바타'는 분명 기존의 애니메이션 캐릭터와는 차별성을 가진다. 어원과 신화에서 보듯이 아바타는 신화적인 존재로서의 상징이기 이전에 이질적인 두 세계의 연결을 의미한다. 신화에서 천상과 현실세계의 결합이 이루어지듯이 사이버 공간의 아바타는 현실세계 존재의 투영인 것이다. 가상 세계에 투영된 자신을 보면서 현실이라는 껍질이라는 결박 속에서 발견 못했던 자신을 발견하며 고착되어있는 현실세계의 자아로부터 해방

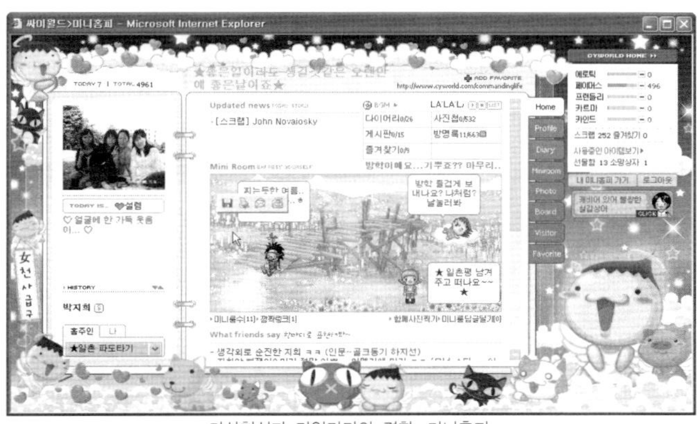

가상현실과 리얼리티의 결합. 미니홈피.

감을 맛보게 되기도 한다.

게임이 거의 완벽하게 독립된 가상공간임에 반해 커뮤니티 공간은 가상현실과 리얼리티가 반반씩 섞여 있다. 싸이월드(http://cyworld.nate.com)로 대표되는 미니홈피는 현실 세계에서의 자신을 소개하고 이를 바탕으로 타인과 교류를 맺는 것을 목적으로 만들어진 공간이다. 싸이월드에서 제공하는 미니홈피 서비스는 기존의 아바타들이 일종의 그래픽 아이콘으로 기능했던 것을 넘어서서 현실세계의 공간(사진첩, 게시판, 방명록, 다이어리 등)과 가상세계의 공간(미니룸, 미니미)이 밀접하게 연결되어 있다. 온라인 게임 내부의 아바타가 익명성을 보장받는 것과는 달리 커뮤니티 공간에서의 아바타는 실명이 담보된 아바타형 캐릭터인 셈이다.

10대와 20대를 중심으로 아바타형 캐릭터가 인기를 끄는 원인은 이와 같은 반(半) 실명화된 사실에서 찾을 수 있다. 언제나 조작 가능하고 마음대로 쓰고 지울 수 있는 분신은 매력적이다. 그 혹은 그녀는 자기 자신이기도 하면서 자기 자신이 아니다. 누구나 자신의 일상을 공개하기는 어렵다. 그러나 포장된 모습을 자신의 일상인 것처럼 공개하는 순간 아바타형 캐릭터는 자기 PR의 수단으로 탈바꿈 되는 것이다. 여기에 사진과 적절한 배경음악, 글, 방명록 등이 더해지면서 아바타는 현실과 가상 사이의 아슬아슬한 순간을 걷는다.

현실과 가상 사이의 미묘한 경계선이 허물어지는 순간이 바로 사용자가 지갑을 여는 때이다. 싸이월드 내의 미니미가 가상공간의 내 분신이라고 생각하는 순간, 그것은 투자할만한 가치가 있는 대상으로 변모하게 된다. 새로운 공간을 창조하는 것뿐만 아니라 현실에서의 모방 역시 아바타에게는 중요한 요소인 것이다.

**현실을 게임으로, 게임을 현실로!**

게임은 언제나 현실을 모방해왔고, 현실을 비틀고 재창조하면서 스스로의 영역을 확대해왔다. 현실과 가장 관련이 먼 것처럼 보이는 SF 소재의 게임이나 중세 판타지 풍의 MMORPG도 현실을 은유적인 형태로 재해석해서 탄생할 수 있었던 것이다. 그러나 이제 게임은 단순히 현실을 모방하는 것에 그치지 않고 새로운 현실을 창조하는 것으로 나아가고 있다.

　　EA사의 「심즈 *The Sims*」에서는 사용자가 캐릭터의 성별, 성격, 외모, 의상 등을 직접 디자인할 수 있다. 집을 건축하고, 사람을 사귀고, 직장을 얻는 등 삶을 가상적으로 살아볼 수 있는 기회를 제공하는 것이다. 아바타가 행복한 삶을 살게 해주기 위해서는 가장 기초적인 먹는 것, 휴식, 운동, 배설과 같은 기본욕구의 충족뿐만 아니라 쾌락, 지식욕, 인간에 대한 갈망 등도 충족시켜주어야 한다. 그러한 외중에 아바타는 배우자를 만나 아이를 낳을 수도 있고, CEO로서 성공할 수도 있다. 물론 직업을 얻는 데 실패하고 겨우 의식주만 충족하는 데 만족하면서 살아가야 할 수도 있다. 이처럼 사용자는 캐릭터를 통해 경험하는 가상적인 삶을 하나의 스토리로 생각할 수 있다.

　　물론 「심즈」가 제공하는 시뮬레이션 환경도 크게 보면 프로그램의 테두리를 벗어나지는 못한다. 다시 말해 「심즈」의 삶은 현실과 다른 형태로 진행되고 구조화되어 있어서 그 틀을 벗어나는 삶은 살 수 없는 것이다. 이를테면 사용자가 자신

「심즈 온라인」.
온라인의 다른 유저들과
가상현실의 삶을 즐겨보자.

의 캐릭터를 주말에 쉬게하고 싶다고 하더라도 「심즈」에서는 요일 개념이 성립되어 있지 않기 때문에 매일같이 출근해야 한다. 또한 자신의 집으로 찾아오는 이웃들처럼 자신도 집 밖으로 나가고 싶어도, 「심즈」는 언제나 자신의 집 안에서만 머무를 수밖에 없도록 디자인되어 있다. 이러한 게임의 흐름은 서사적 상상력이 프로그래밍된 한계를 벗어날 수 없는 구조로 되어 있다.

그러나 「심즈」가 온라인에서 「심즈」로 재현되면서 이 게임은 닫힌 구조 내에서 작동되는 하나의 프로그램이 아닌 사용자들 사이의 현실 공간을 새롭게 재현하는 또 다른 방식으로 변모하게 된다. 보통의 게임이 확고하게 고정된 목표를 제시하는 데 비해, 「심즈 온라인」은 전체적으로 열린 구조를 지향하면서 게임 내부에서 하나의 작은 공동체를 구성하는 데 관심을 기울이게 되는 것이다.

이처럼 아바타형 캐릭터는 기존에 제시되었던 선택적인 배열 조합 형태를 넘어서서 새로운 서사를 창조할 수 있는 형태로 발전하는 데 상당 부분 기여를 하고 있다. 아바타형 캐릭터는 사용자와 캐릭터 사이의 일체감을 주어서 캐릭터에 대한 지속적인 투자를 하게 만들 수 있는 장점이 있다. 이 때문에 사용자들에게 열린 구조의 게임을 제공하더라도 게임 내부의 주변 환경이 잘 조성되어 있으면 어떠한 형태로든 현실을 모방하여 새로운 서사를 창조해낼 수 있는 가능성이 보이게 되는 것이다. 앞으로 펼쳐질 새로운 서사 구조의 게임에서 아바

타형 캐릭터의 발전된 형태를 기대해 봐도 좋을 것이다. 그때
쯤이면 복잡한 인간의 사고도 구조화된 프로그래밍으로 구현
이 가능하지 않을까 한다.

# 여성 유저를 위한 게임 스토리텔링

## 게임은 남성의 전유물인가?

지난 몇십 년 동안 컴퓨터 게임 기술의 발전은 어린이들의 문화에 중요한 영향을 끼쳐왔다. 언제나 컴퓨터 게임기를 조작하는 어린이는 소년으로 가정되었고, 모든 게임들이 소년들을 위해 만들어질 정도로 철저히 남성 중심적인 세계를 구축해 온 것이다. 전 세계 게임 유저들의 90%가 남성이라는 사실은 이러한 왜곡된 작품 창작률을 대변해준다. 나머지 10%의 여성 유저들 역시 남성의 전유물로 굳어진 게임의 세계에 적응한 극소수의 인원에 지나지 않는다. 그들은 게임 회사로 하여금 자신들만을 위한 게임을 만들어달라고 요구하지 않고,

전 세계적으로 가장 많이 팔린 여성 게임,
「바비 패션 디자이너」

기존의 게임이 가지고 있는 세계관에 동화되어 그 혜택만을 바라는 소수자일 뿐이다.

게임 회사의 입장에서도 명확한 시장성이 확보되지 않은 상황에서 무조건적으로 여성 유저를 위한 게임 개발에 참여하고 싶지는 않을 것이다. 1990년 이래 가장 많이 팔린 여성 유저를 위한 게임은 「바비 패션 디자이너 *Barbie Fashion Designer*」라고 한다.[11] 전 세계적으로 유행한 바비 인형을 소재로 삼아 인형에 테마별로 옷을 입히고, 액세서리를 장식한 뒤 이를 프린트를 통해 출력할 수 있는 기능을 담은 프로그램이다. 사실 이 게임에는 특별한 서사적인 흐름이나 규칙이 존재하지 않기 때문에 이를 엄밀한 의미에서 게임이라 부르기에는 무리가 따른다.

그러나 이 게임이 성공을 거둔 사실을 바탕으로 여성 유저들의 게임 선택에 대한 성향을 분석해 볼 수는 있을 것이다. 일반적으로 많이 개발되는 게임들은 1)선과 악의 구분이 명확하며, 2)뚜렷한 목표가 설정되어 있고, 3)물리적, 육체적, 심리적 폭력을 동반하는 경우가 많으며, 4)현실과 동떨어진 환상적인 공간에서 진행되며, 5)종족에 대한 우성학적 원칙에 철저하다는 점이다. 보편적으로 많은 인기를 얻고 있는 FPS나 MMORPG 장르의 대표적인 게임인 「둠」이나 「리니지」 등을 생각해보면 이해가 빠를 것이다. 이들 게임에서 플레이어는 절대적인 선의 위치에서 세상을 구하기 위해 물리적인 폭력을 동반한다.

그러나 일반적으로 여성들이 많이 즐기는 「크레이지 아케이드」, 「카트라이더」 등과 같은 캐주얼 게임을 보면, 경쟁상대로 등장하는 몬스터나 적들도 굉장히 귀엽게 디자인되어 있는 경우가 많다. 또한 「바비 패션 디자이너」 같은 게임에서도 알 수 있듯이, 뚜렷한 서사 구조를 가지고 있지 않더라도 여자 아이는 게임에 쉽게 몰두하게 된다. 또한 게임을 외부적으로 규제하는 특정한 규칙이 존재하지도 않는다. 사실 이 게임은 시뮬레이션 툴 프로그램(Simulation Tool Program)이라 부르는 것이 더 적당할 것이다.

말론(T. W. Malone)은 여자 아이들이 똑같은 소재에 물리적인 폭력이 추가된 게임과 그렇지 않은 게임 중 후자를 더 좋아한다는 사실을 발견했다.[12] 동시에 그들을 유인할 수 있는 게임의 요소로 현실에 기반을 둔 친근한 캐릭터와 사회적인 교감(social sympathy)을 그 근거로 들었다.

최근 국내에서 20대 여성에게 굉장히 인기를 끈 '싸이월드'의 미니홈피만 하더라도 위에서 언급한 여러 요소들을 갖추고 있음을 알 수 있다. 싸이월드의 미니홈피는 아바타에 해당되는 '미니미'와 '미니룸'을 통해 가상적인 공간을 창조하는 시뮬레이션 툴이다. 이러한 콘텐츠는 미니홈피 내부의 사진첩, 게시판, 다이어리, 뮤직박스 등의 다른 콘텐츠들과 밀접한 연관을 맺으면서 현실과의 접점을 확대해 나간다. 싸이월드가 여성들에게 인기를 끌 수 있었던 요인들 중의 하나는 바로 현실과 가상공간 사이의 경계를 확장시켰다는 점 때문이다.

그러나 이러한 여러 가지 연구들은 현실에서 주어진 기존의 고정적 성 역할과 굉장히 일치하는 결과들을 내놓고 있다는 점에서 많은 문제점을 내포하고 있다. 남성 유저들의 폭력적 성향이나 여성 유저들의 현실적 성향 혹은 사회적 교감 중시 성향이 선천적인 성적 특성에 따른 것이라고 보기는 어렵다. 오히려 이러한 결과는 후천적인 교육에 의해 고정적인 성 역할을 강요받아 주어진 관습적 행동에 기인한다고 보는 것이 맞을 것이다. GUI(Graphic User Interface)의 확산과 인터넷의 보급으로 여성들이 컴퓨터에 접근하는 장벽이 많이 낮아진 지금 게임에 대한 여성들의 인식도 점차 바뀌어가고 있는 실정이다.

## 하드코어 여성 유저의 탄생

여성들이 특정한 규칙을 바탕으로 한 게임에 선천적으로 익숙하지 않은 것은 아니다. 스포츠의 세계에서도 대부분의 종목에서 남성과 여성 사이의 경계는 이미 허물어졌다. 전통적인 남성들만의 스포츠로 여겨졌던 축구, 격투기 등에서도 여자 선수들을 흔하게 볼 수 있을 정도로 성적인 차별은 없어졌다. 온게임넷, MBC Game 등과 같은 국내 게임 방송에서도 이제는 여성 프로게이머들을 자주 볼 수 있다. 한국 최초의 여성 프로게이머로 알려진 현정윤 씨를 비롯하여 이지혜, 서지수 등과 같은 「스타크래프트」 프로게이머들은 팬클럽까지 거느리면서 상당한 인기를 모으고 있다. 물론 남성 프로그래머와 대등한 경기를 펼치기는 어렵지만, 점점 그 격차가 줄어들고 있는 것이 사실이다.

「리니지2」와 같은 정통 MMORPG에서도 서버마다 조금씩 비율이 다르긴 하지만 12~15% 정도를 여성 유저들이 차지하고 있다고 한다. 일반적으로 MMORPG는 약 200시간 이상 플레이해야 다른 유저들과 경쟁력이 확보될 정도로 많은 시간을 투자해야 하는 하드코어 게임이다. 여성 하드코어 유저들의 비율은 계속해서 증가 추세에 있으며 당분간은 이러한 경향이 계속될 것으로 보인다. 이처럼 여성 하드코어 유저의 수가 늘어난다는 것은 게임에 있어서 고정적인 성 역할이 파괴되고 있다는 것을 의미한다.

그러나 여성 하드코어 유저의 수가 증가하고 있다고 하더라도, 대부분의 여성 유저들은 캐주얼 게임이나 보드 게임의 수준에 머물러 있는 경우가 많다. 일각에서는 하드코어 게임의 심각한 폭력성과 반사회적 요소들이 여성 유저들이 게임을 즐기는 데 진입장벽으로 작용한다고 말하고 있다. 그러나 비숫한 소재의 영화나 드라마의 경우 여성 관객의 비율이 남성 관객에 비해 크게 차이가 나지 않는다는 점을 감안한다면 이러한 주장은 설득력이 떨어진다고 할 수 있다. 오히려 그 해답은 현실과 무관하게 완벽하게 남성을 위해 구현된 하드코어 게임의 여성 재현 방식에 있다고 할 수 있을 것이다.

## 게임에 드러난 여성 재현의 방식

위에서 언급했듯이 여성 유저들이 게임에 참여하는 데 있어서 저항 장벽을 이루는 것은 폭력적 요소나 뚜렷한 서사적 흐름이라기보다는 게임에서 재현된 여성(혹은 남성)의 모습일 가능성이 크다. MMORPG에서 묘사된 여성의 대표적인 모습은 8등신에 가까운 신체에 파격적이면서도 화려한 의상을 입은 여자 엘프의 모습으로 재현된다. 말할 것도 없이 이는 남성 유저들을 위한 여성의 성적 대상화에 불과하다. 이에 비해 남성 캐릭터들은 자기 자신의 표현 욕구와 맞물려 상당히 개성적이면서도 다양한 스펙트럼의 신체적인 조건들이 제공된다. 이를 남성 유저들이 대부분을 차지하는 게임 세계에서 그들을 위한 일종의 배려라고 생각할 수도 있을 것이다.

그러나 공급이 포화상태에 달하고, 더 이상의 수요 창출이 어렵다고 판단되는 MMORPG나 캐주얼 게임 시장에서 잠재력을 가진 구매 계층은 여성 유저임이 분명하다. 아직도 인터넷을 사용하면서도 온라인 게임은 플레이하지 않는 많은 여성들이 존재한다. 게임은 남자들만의 영역이며, 그들 사이의 시간을 죽이는 유치한 놀이라는 인식이 존재하는 한 여성 유저의 양적 확대는 어려운 일이 된다.

최근 인기를 얻은 MBC의 드라마「내 이름은 김삼순」을 보면 여성들이 원하는 스스로의 자화상에 대한 일종의 비유적인 답안을 얻을 수 있다. 현재 시청률이 40%대까지 올라 엄청난 인기를 얻고 있는 이 드라마는 기존 드라마에서 여성을 재현하는 방식을 과감히 뒤엎으면서 설득력을 얻고 있다. 극중에서 김삼순은 뚱뚱하고 소심한 노처녀이자, 고졸 출신인 제빵 기술자로 등장한다. 그녀는 자신의 제과점 대표인 현진헌 사장과 늘 다투면서도 그 앞에서 당당한 모습을 보여준다. 노 메이크업에 T셔츠만 걸친 털털한 모습으로 등장하는 김삼순은 일상생활에서 흔히 볼 수 있는 여성들과 큰 차이가 없다. 학벌, 외모, 이름, 내성적 성격 등 여러 가지 콤플렉스로 뭉쳐있는 그녀가 세상을 향해 외치는 당당한 모습과 거침없는 수다는 여성들에게 카타르시스를 안겨 주기에 충분한 요소들을 갖추고 있다.

이와는 반대로 게임 속의 캐릭터들은 귀엽고 코믹한 캐릭터거나 또는 완벽한 외모를 갖춘 캐릭터 등의 두 종류 외에는 개성적인 특징을 찾아보기 어려운 경우가 많다. 물론 현실에 기반을 두고 있는 드라마와 환상적인 공간을 주 배경으로 하는 게임은 단순비교하기 어려운 내적인 재현의 법칙을 갖고 있다. 그러나 여성 하드코어 유저의 수가 확대되고 있는 추세라고는 하지만, 보편적으로 공감할 수 있는 게임을 제작하기 위해서라면 게임에서 여성을 재현하는 방식부터 바뀌어야 한다. 이제까지는 남성 유저들에게 대리 만족을 안겨주기 위해 여성을 환상적으로 재현하는 방식을 택했다면, 지금부터는 여성 유저들이 가지는 남성 판타지를 자극하는 방식의 게임도 고려해볼 만하다.

여성 유저들을 유혹하기 위해 바비 인형을 그 모델로 제시하는 것은 지극히 위험한 방법이다. 10대 이전의 소녀들에게는 아직 그들의 외모가 향후 어떤 식으로 결정된 것인지 모르는 가능성의 영역에 속해있다고 그들은 생각한다. 공주를 모방한 인형의 외모는 자신도 그렇게 되고 싶다는 모방의 욕구를 자극한다. 그러나 이미 성인이 되어버린 여성 유저들에게 바비 인형은 여러 가지 콤플렉스를 자극할 수 있는 마이너스적인 요소밖에는 되지 않는다. 「프린세스 메이커 *Princess Maker*」 시리즈 같은 여성 육성 시뮬레이션 게임이 왜 여성들이 아닌 남성들에게 인기가 있었는지를 생각해 볼 필요가 있을 것이다. 또한 여성을 주인공으로 삼은 「툼 레이더」 같은 영화나 게임에 왜 남성들만 유독 열광했는지 생각해 본다면 해답은 명확해진다.

「두근두근 메모리얼 *ときめきメモリアル*」처럼 미소녀 게임에서 시작해 소프트 에로물에까지 이른 숱한 게임들이 나왔다. 이러한 방식을 역이용하여 꽃미남을 소재로 한 게임이 작년 국내에서 발매되었다. 일명 육성 코디연애 시뮬레이션 게

임에 속하는 「러브 Love」는 주어진 1년의 시간 동안 자신을 키워서 8명의 남자 캐릭터들과 4명의 히든 캐릭터, 도합 12명 중의 한 명과 연애를 하여 크리스마스에 고백을 받는 것을 목표로 하는 게임이다. 이 게임에서 주인공은 스스로 능력을 개발하고 각종 화장법과 코디 등을 통해 남자를 유혹해야 한다. 그러나 이러한 게임은 이전에 만들어진 수많은 미소녀 게임의 아이디어의 역발상을 통해 만들어졌다는 점이 신선하기는 하나, 코디나 화장법만으로 남자를 유혹한다는 설정은 성인 여성들에게 공감을 이끌어내기 힘들다. 여중생 이상의 유저들은 게임에서의 환상과 현실의 괴리를 구분하는 데 있어서 또래의 남성 유저들보다는 훨씬 뛰어난 면모를 보여주기 때문이다.

여성을 재현하는 데 관심을 두지 않고 남성 유저들이 즐겨하는 게임의 성역할만 단순 전환한 게임들은 충분한 대안이 될 수 없다. 분명한 것은 여성들이 인터넷을 통해 접하고자 하는 것들은 상당히 현실적인 것에 기반을 두고 있다는 점이다.

미소녀 게임의 발상을 역이용한 여성 유저들의 육성 코디 연애 시뮬레이션 게임 「러브 Love」.

싸이월드의 성공 사례는 이 점을 충분히 증명해주고 있다. 그러나 시장에서의 가능성을 고려했을 때 여성 유저만을 대상으로 삼는 게임은 상업적으로 성공하기 어렵다. 「러브」역시 패키지 시장이 전멸하다시피 한 상황에서 나온 점을 고려하더라도, 여성을 재현하는 방식이 바뀌지 않는다면 유저들의 반응을 이끌어내기 힘들다는 것이다.

계속적으로 성장하고 있는 게임 시장이 더욱 팽창하기를 원한다면 여성 유저의 참여는 필수적이라고 할 수 있다. 그러기 위해서는 최근의 게임들이 고수하고 있는 여성 재현의 방식을 변화시켜 여성 유저들의 진입 장벽을 없애 주어야 한다. 어차피 게임은 하나의 판타지라고 생각할 수도 있다. 그러나 사람마다 판타지를 재구하는 방식은 다르며, 다양한 형태로 존재해야 하는 것이다.

게임에서 여성을 재현하는 수준은 영화나 드라마에 나타난 여성의 묘사 방식에 한참 못 미치는 경우가 많다. 왜냐하면 게임 개발자들은 언제나 시각적으로 환상을 주입하는 데 몰두했기 때문에, 그동안 게임 속의 캐릭터가 어떠한 개성을 발휘할 수 있을 것인지 그 내면을 묘사하는 데 전혀 노력을 기울이지 않았기 때문이다. 따라서 자연스럽게 게임에서 여성을 재현하는 방식은 섹시한 캐릭터, 공주형 캐릭터, 코믹하고 귀여운 캐릭터의 범위를 넘지 않는다. 이러한 방식은 여성 유저들을 위한 게임에서도 별다른 차이를 보이지 않는다. 그러나 유사한 방식을 통해 재생산되는 완벽한 외모 위주의 여성 재현 방식은 남성들의 왜곡된 성의식을 방조할 뿐이다.

현재 게임은 아동용 애니메이션이 보여주는 현실 인식 수준보다 조금도 나아진 모습을 보여주지 못하고 있다. 게임이 일반적인 성인 유저들에게 보편적으로 받아들여질 만한 콘텐츠를 개발하기 위해서는 우선적으로 게임에서 여성 캐릭터의 다양화에 힘쓸 필요가 있다. 게임에서도 삼순이나 피오나 공주와 같은 캐릭터가 도입되어야만 영화나 드라마, 애니메이션과 동등한 입장에서 이야기 예술의 가능성을 논할 자격이 부여될 것이기 때문이다.

## 온라인의 가능성

일반적으로 여성들은 남성보다 언어를 통한 의사소통(verbal communication)에 능하다고 알려져 있다. 게임을 즐기는 유저들과 채팅 혹은 메신저(messenger)를 즐기는 유저 사이에서 여성의 비율은 후자 쪽이 월등히 높을 것이다. 온라인 게임은 이 두 가지를 병행할 수 있는 환경을 제공하고 있다. 온라인 게임에서 유저들이 의사소통하는 가장 보편적인 수단은 키보드를 이용한 채팅이다. 그러나 온라인 게임은 독립된 세계와 폐쇄된 공간구조 때문에 현실사회와의 접점을 찾기 어려운 측면이 있었다. 특히나 폐쇄된 공간구조가 담보해주는 익명성은 온라인 게임 안에서 언어폭력을 가능케 했다.[13] 온라인 공간의 폐쇄된 가상세계는 사회적인 교감을 중시하는 여성 유저의 입장에서 보자면 비현실적으로 보일 수 있다.

이처럼 온라인 게임에서 현실과의 접점이 확대되고 심리적인 안정성이 보장된다면 게임에 참여하는 여성 유저의 수는 늘어날 것으로 전망된다. 2004년 7월 31일에는 온라인 게임상에서 색다른 연극공연 한 편이 상연되어 화제를 모았다. 온라인 게임 「마비노기」 속에서 셰익스피어 작의 「한여름 밤의 꿈 *A Midsummer Night Dream*」 공연이 펼쳐진 것이다. 20여 명의 참여자들은 배우와 연출, 무대감독, 소품 등 스태프의 역할을 맡아 연극을 벌였고 5시간 동안 300여 명에 달하는 관객들이 공연을 관람했다. 「마비노기」에서는 양털 깎기 등 아르바이트를 통해 돈을 벌고, 요리, 낚시, 재봉질 등 모든 행위가 가능하다. 심지어 예복부터 주례선정, 관객 안내 등 게임 속 결혼식을 대행해주는 '결혼 대행업체'까지 등장했다. 또 얼마 전에는 「심즈 온라인」을 통해 만난 커플이 실제 결혼에까지 이른 기사가 신문에 보도된 적이 있었다.

이처럼 온라인 게임이 리얼리티와 판타지의 두 가지 측면을 모두 잡고자 노력한다면, 여성 유저들 역시 게임에 쉽게 몰입하게 될 것이다. 리얼리티가 극대화되는 순간 현실과 가상의 경계는 허물어지게 된다. 게임에서의 몰입은 바로 리얼리티와 판타지가 서로 시너지 효과를 일으켜 가상공간에서 의미있는 사건을 창출해낼 때 이루어질 수 있는 것이다. 「리니지2」에서 발생한 바츠 해방 전쟁은 리얼리티와 판타지가 가상공간에서 얼마나 강렬한 형태로 결합될 수 있는지 보여주는 좋은 사례이다. 바츠 해방 전쟁은 드래곤 나이츠(Dragon Knights: 일명 DK) 혈맹의 철권통치로 사냥터라는 생존의 터전을 봉쇄당하고 척살의 공포에 떨던 피지배계급 민중들이 일으킨 전쟁이다. 전투력이 낮은 저레벨의 민중들은 DK혈맹을 중심으로 한 지배계급 동맹군의 화살받이가 되어 무수히 죽어가면서 유일한 대응 방법인 인해전술로 싸웠다.14)

이야기를 통한 감동은 인종과 성별을 가리지 않고 언제나 계속된다. 게임이 인종이나 성별의 우생학적인 발상을 가지고 계속 일방적인 자위만을 반복해 나갈 때, 게임에 대한 평가 역시 부정적인 결과를 낳게 되는 것이다. 기술적인 측면에서 이미 게임은 엄청난 성장을 이룩했다. 아직 40년도 채 되지 않는 역사를 가진 장르로서 게임이 이룬 성과는 괄목상대할 만한 정도에 이른 것이다. 눈부실 정도로 앞을 향해 달려가고 있는 공학의 기술과 더불어 앞으로는 게임의 독자적인 스토리텔링이 개발될 필요가 있다. 성별과 나이, 인종, 계급의 차이를 넘어 초월적으로 즐길 수 있는 게임의 스토리텔링이 개발될 때, 게임은 비로소 이야기 예술의 한 장르로 당당히 인정받을 수 있게 될 것이다.

<h1>주</h1>

1) Janet Murray, *Hamlet on the Holodeck*: *The Future of Narrative in Cyberspace*, The MIT Press, 1998; "From Game-Story to Cyberdrama", *First Person: New Media as Story, Performance, and Game*, The MIT Press, 2004.

2) Espen Aarseth, "Genre Trouble: Narrativism and the Art of Simulation", *First Person*, The MIT Press, 2004.

3) 서사와 놀이의 길항 관계에 대한 논문으로는 Markku Eskelinen, "Towards Computer Game Studies", *First Person*, The MIT Press, 2004. 전경란,「디지털내러티브에 관한 연구: 상호작용성과 서사성의 충돌과 타협」, 이화여대 박사논문, 2003; 이정엽,「컴퓨터 게임 스토리텔링의 원리 : 놀이와 서사」,『디지털 스토리텔링』, 황금가지, 2003을 참조할 것.

4) 멕시코의 소설가 카를로스 푸엔테스의『아우라』와 같은 작품은 이와 같은 2인칭 시점의 진술로 채워져 있다. 일종의 최면과 같은 수법으로 독자에게 환상적인 상황을 제공함으로써 2인칭 시점의 실험적인 방식을 제시한 작품이다. 그러나 이와 같은 작품이 폭넓은 지지를 받지 못한 이유는 2인칭 시점에서 발화된 진술이 시각적인 형태로 재현되지 않는 한 독자는 그 진술에 대한 믿음을 가지지 못하기 때문이다. 카를로프 푸엔테스,『아우라』, 김영사, 1994 참조.

5) 채트먼은 일상적인 '시점'의 의미를 다음과 같은 세 가지로 구분하고 있다.
   ① 축자적 시점 : 누군가의 눈을 통한 지각
   ② 비유적 시점 : 누군가의 세계관을 통한 이데올로기, 개념적 체계, 세계관 등
   ③ 이동적 시점 : 누군가의 관심-이익으로부터 그의 일반적인 관심사나 이익, 복지 등을 특징짓는 요소들
   그는 '시점'이라는 단어가 가지고 있는 함축적이면서도 모호한 의미에 대해서 지적한 것이겠으나, 여기에서는 ①에 해당되는 축자적인 시점으로 한정해 논의를 진행하도록 한다. 이야기 예술에 있어서 지각(인지)의 문제가 가장

‘시점(point of view)’이라는 용어에 근접해 있기 때문이다. 시모어 채트먼, 김경수 역, 『영화와 소설의 서사구조』, 민음사, 1999, p.183.

6) Ibid, p.183.

7) 「하프라이프2」는 세계 유명 게임전문지인 *PC Gamer*로부터 "The best game ever made"라는 평가를 받았다.

8) Person versus Person의 약자로 온라인 게임에서 상대 유저와 1:1 대결을 통해 상대를 죽이는 것을 일컫는다. 영상물등급위원회는 온라인 게임에서 PvP가 가능할 경우 18세 이상 등급을 부여하고 있다.

9) Janet Murray, op. cit., p.205.

10) Neal Stephenson, *Snow Crash*, Spectra, 2000.

11) 「바비 패션 디자이너」는 첫 출시 후 두 달 만에 50만 장 이상의 판매고를 기록하였다. Kaveri Subrahmanyam and Patricia M. Greenfield, "Computer Games for Girls: What Makes Them Play?", *From Barbie to Mortal Kombat: Gender and Computer Games*, The MIT Press, 2000, p.46.

12) T. W. Malone, "Toward a Theory of Intrinsically Motivating Instruction", *Cognitive Science*5, 1981, pp.333–370.

13) 1993년 미국에서 가장 유명한 한 머드인 「람다무(LambdaMOO)」의 한 서버에서 Mr. Bungle이라는 아이디를 가진 이 남성 아바타가 같은 방에 있던 두 명의 여성 아바타를 성적으로 유린하는 사건이 발생했다. Mr. Bungle이란 아바타는 「람다무」속에서 아무런 정당한 이유 없이 갑자기 성적 추행을 시작했는데 그는 부두 인형(voodoo doll)이라는 것을 가지고 같은 방에 있던 legba라는 아이디의 여성을 강제적으로 자신과 성행위를 하게끔 만들었다. 얼마 후에 그는 부두 인형만을 방에 두고 그 방에서 몸을 빼어 사라지고는 밖에서 그 부두 인형을 계속 조종하여 이번에는 Starsinger라는 아이디의 여성 아바타를 성추행하기 시작했다. 그 다음 Mr. Bungle은 이 여성들을 서로 강제적으로 성교하도록 시켰다.
이와 같은 Mr. Bungle의 잔혹 행위는 Zippy라고 불리는 한 위저드(머드나 무와 같은 가상 사회형 게임에서 일반 플레이어들보다 더 많은 힘을 갖는 사람 – 보통 시스템 관리자나 회원

들이 선출한 대표들이다)가 나타나 자신의 마술로 Mr. Bungle
과 그의 부두 인형을 새장 속에 가두어 버리고 나서야 끝이
났다.

람다무 사회의 아바타들은 Mr. Bungle의 처벌과 향후 대비책
을 놓고 가상 사회에 대한 온갖 주장과 이념을 가진 아바타
들 간에 격렬한 토론이 벌어지는 정치 무대로 돌변하였고,
가상 사회에서의 반사회적 행동에 대한 대비책과 기타 여러
사회적 제도 장치의 필요성을 실감하게 되었다. 채팅이나 하
는 놀이터에 불과했던 람다무에서 진정한 하나의 사회로 발
전하기 위한 풀리지 않는 고민을 하게 된 것이다.

물론 Mr. Bungle이라는 아바타는 그 세계에서 추방되었다. 문
제는 그 다음인데, 위 람다무의 아바타들은 종래 운영진이나
고레벨의 게이머가 무소불위 귀족처럼 행세하고 돌아다니다
사회문제(예컨대 욕설, 부당한 PK)를 발견하면 전적으로 그
의 의사에 따라 분쟁을 해결하는 위저드(wizard) 제도의 한계
를 성토하며 그 대안을 모색하였다.

14) 류철균, 「한국 온라인 게임 스토리의 사례 연구 : 「리니지2」
  에 나타난 공간의 갈등 구조」, 제48회 전국 국어국문학 학술
  대회 발표집, 2005 참조.

## 참고문헌

고 욱 외, 『디지털 스토리텔링』, 황금가지, 2004.

권상희, 「다사용자 온라인 롤플레잉 게임(MMORPG)의 인터페이스의 의미작용 연구: 리니지를 중심으로」, 한국방송학회 2004년 봄철 정기학술대회 논문집, 2004.

류철균, 「한국 온라인 게임 스토리의 사례 연구:「리니지2」에 나타난 공간의 갈등 구조」, 제48회 전국 국어국문학 학술대회 발표집, 2005.

박동숙·전경란, 「상호작용 내러티브로서의 컴퓨터 게임 텍스트에 대한 연구」, 한국언론학보45, 2001.

박성혜, 「컴퓨터 게임 몰입과 정서적 특성의 관계: 서울시내 초등학교 6학년 아동을 중심으로」, 이화여자대학교 석사논문, 2000.

전경란, 「디지털 내러티브에 관한 연구: 상호작용성과 서사성의 충돌과 타협」, 이화여자대학교 박사논문, 2002.

최유찬, 『컴퓨터 게임과 문학』, 연세대학교 출판부, 2004.

최혜실, 『모든 견고한 것들은 하이퍼텍스트 속으로 사라진다』, 생각의 나무, 2000.

한국게임산업개발원 산업정책팀, 『대한민국 게임백서 2004』, 한국게임산업개발원, 2004.

Aarseth, E., *Cybertext: Perspectives on Ergodic Literature*, Johns Hopkins University Press.

Bolz, N., *Am Ende Der Gutenberg-Galaxis: Die Neuen Kommunikationsverhältnisse*, Wilhelm Fink Verlag, 1995.

Booth, W., *The Rhetoric of Fiction*, University Of Chicago Press, 1983.

Caillois, R., Man, *Play and Games*, University of Illinois Press, 2001.

Cassell, J. and Jenkins, H., *From Barbie to Mortal Kombat: Gender and Computer Games*, The MIT Press, 2000.

Chatman, S., *Story and Discourse: Narrative Structure in Fiction and Film*, Cornell University Press, 1980.

Genette, G., *Narrative Discourse: An Essay in Method*, Cornell University Press, 1983.

Glanssner, A., *Interactive Storytelling*, AK Peters, 2004.

Huizinga, J., *Homo Ludens*, Beacon Press, 1971.

Iser, W., *The Act of Reading: A Theory of Aesthetic Response*, Johns Hopkis University Press, 1978.

Kent, S., *The Ultimate History of Video Games*, Random House, 2001.

Kress, G., *Literacy in the New Media Age*, Routledge, 2003.

Landow, G., *Hypertext2.0: The Convergence of Contemporary Critical Theory and Technology*, The Johns Hopkins University Press, 1997.

Levy, P., *Cyberculture, Les Editions*, Odile Jacob, 1997.

Malone, T. W., "Toward a Theory of Intrinsically Motivating Instruction, *Cognitive Science* 5, 1981.

McLuhan, M., *The Gutenberg Galaxy*, Signet, 1969.

McLuhan, M. and Lapham L., *Understanding Media: The Extensions of Man*, The MIT Press, 1994.

Murray, J., *Hamlet on the Holodeck: The Future of Narrative in Cyberspace*, The MIT Press, 1998.

Paul Gee, J., *What Video Games Have to Teach Us About Learning and Literacy*, Palgrave Macmillan, 2003.

Prince, Gerald, *The Dictionary of Narratology*, University of Nebraska Press, 1987.

Propp V., *Morphology of the Folktale*, University of Texas Press, 1968.

Rollings A. and Adams E., *On Game Design*, New Riders Publishing, 1993.

Stephenson, N., *Snow Crash*, Spectra, 2000.

Wardrip-Furin and Harrigan, *First Person: New Media as Story, Performance, and game*, The MIT Press, 2004.

Wilder, G., Mackie, D., and Cooper, J., "Gender and Computers : Two Surveys of Computer-Related Attitudes", *Sex Roles 13*, 1985.

## __ 참고 게임

「팩맨 *Pacman*」 (Namco, 1980)

「삼국지 I *Romance of the Three Kingdom I* 」 (Koei, 1985)

「테트리스 *Tetris*」 (THQ, 1985)

「울티마 Ⅵ *Ultima Ⅵ*」 (Origin, 1990)

「프린세스 메이커 *Princess Maker*」 (Gainax, 1990)

「마이트 앤 매직3 *Might & Magic 3*」 (3DO, 1992)

「둠 *Doom*」 (Activision, 1993)

「두근두근 메모리얼 ときめきメモリアル」 (Konami, 1994)

「바비 패션 디자이너 *Barbie Fashion Designer*」 (Mattel Media, 1996)」

「스타크래프트 *Starcraft*」 (Blizzard, 1997)」

「리니지 *Lineage*」 (엔씨소프트, 1998)

「삼국지 Ⅶ *Romance of the Three Kingdom Ⅶ*」 (Koei, 1999)

「심즈 *The Sims*」 (Maxis, 2000)

「디아블로2 *Diablo2*」 (Blizzard, 2000)

「파이널 판타지 X *Final Fantasy X*」 (Square, 2001)

「삼국지 Ⅷ *Romance of the Three Kingdom Ⅷ*」 (Koei, 2001)

「메달 오브 아너 *Medal of Honor*」 (ID Software, 2002)

「심즈 온라인 *The Sims Online*」 (Maxis, 2002)

「라그나로크 *Ragnarok*」 (Gravity, 2002)

「워크래프트3 *Warcraft3*」 (Blizzard, 2002)

「리니지2 *Lineage2*」 (엔씨소프트, 2003)

「삼국지 Ⅸ *Romance of the Three Kingdom Ⅸ*」 (Koei, 2003)

「마비노기 *Mabinogi*」 (넥슨, 2003)

「진삼국무쌍 3 *Shin Sangokumusou3*」 (Koei, 2003)

「메이플 스토리 *Maple Story*」 (Wizet, 2003)

「하이히트 베이스볼 2004 *High Heat Baseball 2004*」 (3DO, 2003)

「MVP 베이스볼 2005 *MVP Baseball 2005*」 (EA Sports, 2004)

「NBA 라이브 2005 *NBA Live 2005*」 (EA Sports, 2004)

「하프라이프2 *Half Life2*」 (Valve, 2004)」

「길드워 *Guild War*」 (엔씨소프트, 2004)」

「프리스타일 *Freestyle*」 (JC Entertainment, 2004)

「스페셜포스 *Special Force*」 (Dragonfly, 2004)

「러브 *Love*」 (Megafolly Entertainment, 2004)

「실황! 파워풀 프로야구11 實況! パワフルプロ野球11」 (Diamond Head, 2004)」

「삼국지 X *Romance of the Three Kingdom  X*」 (Koei, 2004)

디지털 게임, 상상력의 새로운 영토

초판발행 2005년 8월 5일 | 2쇄발행 2006년 7월 20일
지은이 이정엽
펴낸이 심만수 | 펴낸곳 (주)살림출판사
주소 413-756 경기도 파주시 교하읍 문발리 파주출판도시 522-2
출판등록 1989년 11월 1일 제9-210호
전화번호 영업·(031)955-1350  기획·(031)955-1370~2
        편집·(031)955-1362~3
팩스 (031)955-1355
e-mail salleem@chol.com
홈페이지 http://www.sallimbooks.com

ISBN 89-522-0421-2 04080
      89-522-0096-9 04080 (세트)

* 잘못된 책은 구입하신 서점에서 바꾸어 드립니다.
* 저자와의 협의에 의해 인지를 생략합니다.

값 9,800원